Netzwerk

Deutsch als Fremdsprache

A2.2

Mit DVD und Audio-CDs

Kurs- und Arbeitsbuch A2
Teil 2

Stefanie Dengler
Paul Rusch
Helen Schmitz
Tanja Sieber

Klett-Langenscheidt

München

Von
Stefanie Dengler, Paul Rusch, Helen Schmitz, Tanja Sieber

Projektleitung: Angela Kilimann
Redaktion: Angela Kilimann, Sabine Franke
Gestaltungskonzept, Layout und Cover: Andrea Pfeifer, München
Illustrationen: Florence Dailleux
Bildrecherche: Sabine Reiter
Satz und Repro: kaltner verlagsmedien GmbH, Bobingen

DVD
Drehbuch und Regie: Theo Scherling
Redaktion: Angela Kilimann

Audio-CDs
Musikproduktion, Aufnahme und Postproduktion: Heinz Graf, Puchheim
Regie: Sabine Wenkums

Verlag und Autoren danken Christoph Ehlers, Beate Lex, Margret Rodi, Dr. Annegret Schmidjell, Katja Wirth und allen Kolleginnen und Kollegen, die Netzwerk begutachtet sowie mit Kritik und wertvollen Anregungen zur Entwicklung des Lehrwerks beigetragen haben. Wir danken außerdem Alexander Vesely und dem GaumenSpiel für die freundliche Unterstützung bei den Fotoaufnahmen.

Netzwerk A2 – Materialien

Teilbände	
Kurs- und Arbeitsbuch A2.1 mit DVD und 2 Audio-CDs	606142
Kurs- und Arbeitsbuch A2.2 mit DVD und 2 Audio-CDs	606143
Gesamtausgaben	
Kursbuch A2 mit 2 Audio-CDs	606997
Kursbuch A2 mit DVD und 2 Audio-CDs	606998
Arbeitsbuch A2 mit 2 Audio-CDs	606999
Zusatzkomponenten	
Lehrerhandbuch A2	605010
Digitales Unterrichtspaket A2 (DVD-ROM)	605011
Interaktive Tafelbilder A2 (CD-ROM)	605012
Intensivtrainer A2	607000
Testheft A2	605013
Interaktive Tafelbilder zum Download unter www.klett-sprachen.de/tafelbilder	

In einigen Ländern ist es nicht erlaubt, in das Kursbuch hineinzuschreiben. Wir weisen darauf hin, dass die in den Arbeitsanweisungen formulierten Schreibaufforderungen immer auch im separaten Schulheft erledigt werden können.

Besuchen Sie uns auch im Internet: www.klett-sprachen.de/netzwerk

Audio-Dateien zum Download unter www.klett-sprachen.de/netzwerk/medienA2
Code: nW2q%F4

1. Auflage   1 8 7 6 5 | 2018 17 16 15

© Klett-Langenscheidt GmbH, München, 2013

Gesamtherstellung: Print Consult GmbH, München

ISBN 978-3-12-606143-8

MIX
Papier aus verantwortungsvollen Quellen
FSC® C084279

Netzwerk – ein Lernpaket

Kursbuch

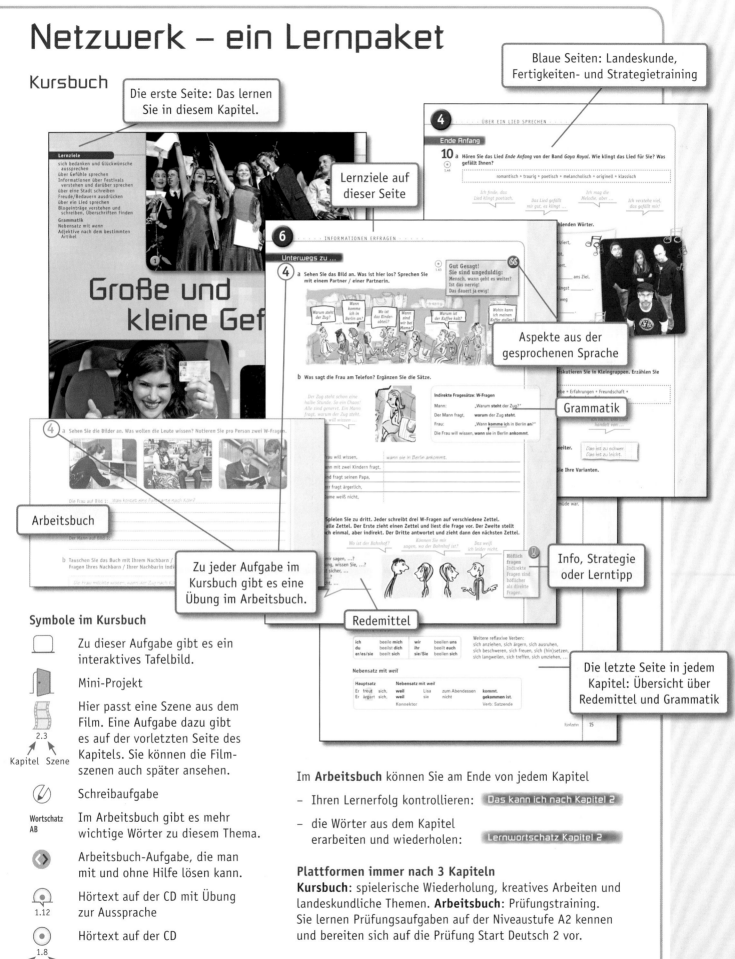

Die erste Seite: Das lernen Sie in diesem Kapitel.

Blaue Seiten: Landeskunde, Fertigkeiten- und Strategietraining

Lernziele auf dieser Seite

Lernziele
- sich bedanken und Glückwünsche aussprechen
- über Gefühle sprechen
- Informationen über Festivals verstehen und darüber sprechen
- über eine Stadt schreiben
- Freude/Bedauern ausdrücken
- über ein Lied sprechen
- Blogeinträge verstehen und schreiben, Überschriften finden

Grammatik
- Nebensatz mit *wenn*
- Adjektive nach dem bestimmten Artikel

Große und kleine Gef

4 ... ÜBER EIN LIED SPRECHEN ...

Ende Anfang

10 a Hören Sie das Lied *Ende Anfang* von der Band *Goya Royal*. Wie klingt das Lied für Sie? Was gefällt Ihnen?

romantisch • traurig • poetisch • melancholisch • originell • klassisch

Ich finde, das Lied klingt poetisch.
Das Lied gefällt mir gut, es klingt ...
Ich mag die Melodie, aber ...
Ich verstehe viel, das gefällt mir!

6 ... INFORMATIONEN ERFRAGEN ...

Unterwegs zu ...

4 a Sehen Sie das Bild an. Was ist hier los? Sprechen Sie mit einem Partner / einer Partnerin.

Warum steht der Zug?
Wann komme ich in Berlin an?
Wo ist das Kinderabteil?
Wann sind wir bei Mama?
Warum ist der Kaffee kalt?
Wohin kann ich meinen Koffer stellen?

Gut Gesagt!
Sie sind ungeduldig:
Mensch, wann geht es weiter?
Ist das nervig!
Das dauert ja ewig!

Aspekte aus der gesprochenen Sprache

b Was sagt die Frau am Telefon? Ergänzen Sie die Sätze.

Der Zug steht schon eine halbe Stunde. So ein Chaos! Alle sind genervt. Ein Mann fragt, warum der Zug steht. ... will wissen ...

Indirekte Fragesätze: W-Fragen

Mann:	„Warum **steht** es der Zug?"
Der Mann fragt,	**warum** der Zug **steht**.
Frau:	„Wann **komme ich** in Berlin **an**?"
Die Frau will wissen,	**wann** sie in Berlin **ankommt**.

Grammatik

Frau will wissen, | wann sie in Berlin ankommt.
... mit zwei Kindern fragt,
... und fragt seinen Papa,
... fragt ärgerlich,
... Dame weiß nicht,

Spielen Sie zu dritt. Jeder schreibt drei W-Fragen auf verschiedene Zettel. ... alle Zettel. Der Erste zieht einen Zettel und liest die Frage vor. Der Zweite stellt ... noch einmal, aber indirekt. Der Dritte antwortet und zieht dann den nächsten Zettel.

Wo ist der Bahnhof?
Können Sie mir sagen, wo der Bahnhof ist?
Das weiß ich leider nicht.
... mir sagen, ...?
..., wissen Sie, ...?
... sicher, ...

Höflich fragen
Indirekte Fragen sind höflicher als direkte Fragen.

Info, Strategie oder Lerntipp

Redemittel

4 a Sehen Sie die Bilder an. Was wollen die Leute wissen? Notieren Sie pro Person zwei W-Fragen.

Die Frau auf Bild 1: ... Was kostet eine Fahrkarte nach Köln?

Der Mann auf Bild 2: ...

Arbeitsbuch

b Tauschen Sie das Buch mit Ihrem Nachbarn / Fragen Ihres Nachbarn / Ihrer Nachbarin indi...

Die Frau möchte wissen, wann der Zug nach Köln ...

Zu jeder Aufgabe im Kursbuch gibt es eine Übung im Arbeitsbuch.

ich	beeile mich	wir	beeilen uns
du	beeilst dich	ihr	beeilt euch
er/es/sie	beeilt sich	sie/Sie	beeilen sich

Weitere reflexive Verben:
sich anziehen, sich ärgern, sich ausruhen, sich beschweren, sich freuen, sich (hin)setzen, sich langweilen, sich treffen, sich umziehen, ...

Nebensatz mit *weil*

Hauptsatz	Nebensatz mit *weil*			
Er freut sich,	**weil**	Lisa	zum Abendessen	**kommt**.
Er ärgert sich,	**weil**	sie	nicht	**gekommen ist**.
	Konnektor			Verb: Satzende

Die letzte Seite in jedem Kapitel: Übersicht über Redemittel und Grammatik

fünfzehn 15

Symbole im Kursbuch

⬜ Zu dieser Aufgabe gibt es ein interaktives Tafelbild.

🚪 Mini-Projekt

🎞 Hier passt eine Szene aus dem Film. Eine Aufgabe dazu gibt es auf der vorletzten Seite des Kapitels. Sie können die Filmszenen auch später ansehen.
2.3
Kapitel Szene

✍ Schreibaufgabe

Wortschatz AB Im Arbeitsbuch gibt es mehr wichtige Wörter zu diesem Thema.

◆ Arbeitsbuch-Aufgabe, die man mit und ohne Hilfe lösen kann.

🎧 Hörtext auf der CD mit Übung zur Aussprache
1.12

◉ Hörtext auf der CD
1.8
CD 1 Tracknummer 8

Im **Arbeitsbuch** können Sie am Ende von jedem Kapitel

- Ihren Lernerfolg kontrollieren: **Das kann ich nach Kapitel 2**

- die Wörter aus dem Kapitel erarbeiten und wiederholen: **Lernwortschatz Kapitel 2**

Plattformen immer nach 3 Kapiteln

Kursbuch: spielerische Wiederholung, kreatives Arbeiten und landeskundliche Themen. **Arbeitsbuch:** Prüfungstraining. Sie lernen Prüfungsaufgaben auf der Niveaustufe A2 kennen und bereiten sich auf die Prüfung Start Deutsch 2 vor.

Lernziele

Lernprobleme verstehen und beschreiben

Ratschläge verstehen und geben etwas begründen

Berichte über den Berufsalltag verstehen

über den Berufsalltag sprechen

eine Radioreportage verstehen

eine Mini-Präsentation verstehen und machen

Grammatik

Sätze verbinden: *denn* und *weil*

Konjunktiv II: *sollte* (Ratschläge)

Genitiv: Name + *-s*

temporale Präpositionen: *bis*, *über* + Akkusativ, *ab* + Dativ

Gelernt ist gelernt!

> **Verfasst am: 07.02. | 18.56**
>
> **b@rde** Ich möchte gern Gitarre spielen. Wie habt ihr das gelernt?
>
> ---
>
> **Verfasst am: 07.02. | 19.40**
>
> **Henry15** Ich habe Gitarre spielen gelernt, weil ich unbedingt die Lieder von meinen Lieblingsbands spielen wollte. Erst habe ich mir eine Gitarre geliehen und allein mit einem Buch gelernt. Gar nicht so einfach! Ohne Kurs und ohne Lehrer braucht man viel Disziplin. Und üben muss man sowieso viel. Ich finde das ziemlich toll, dass ich ganz allein Gitarre spielen gelernt habe. Aber ich will noch besser werden, deshalb mache ich im Moment noch einen Online-Kurs.

Lieber Tobias,

vielen Dank noch mal, dass du mir gezeigt hast, was man am Computer alles machen kann. Du hast mir das so gut erklärt, dass es ganz einfach für mich war. Das Internet finde ich wirklich sehr praktisch, ich habe schon viele wichtige Informationen gefunden. Und gestern habe ich zum ersten Mal mit meiner alten Freundin Marianne in Amerika geskypt. Das war sehr schön!

Herzliche Grüße
Dein Opa

1

a Sehen Sie die Fotos an. Was lernen die Personen? Kann man das leicht lernen oder ist das schwierig? Was meinen Sie?

Ich glaube, Chinesisch lernen ist …

b Lesen Sie die Texte. Wie haben die Personen das gelernt? Warum? War/Ist es einfach oder schwierig? Machen Sie eine Tabelle.

Was gelernt?	Wie gelernt?	Warum?	Einfach oder schwierig?
mit dem Computer arbeiten			
…			

c Und die anderen Personen? Hören Sie und ergänzen Sie noch mehr Informationen in der Tabelle.

2.2–4

2

Und Sie? Sprechen Sie mit Ihrem Partner / Ihrer Partnerin. Machen Sie Notizen und berichten Sie im Kurs.

Was haben Sie wann gelernt? (zwei Beispiele)
Wie haben Sie das gelernt? Was war einfach, was war schwierig?
7.14 Was möchten Sie gern noch lernen?

Wo ist das Problem?

3

a Lesen Sie die Checkliste „Probleme beim Lernen und in Prüfungen" und die Beiträge im Forum. In welchem Beitrag finden Sie welche Probleme? Notieren Sie.

Checkliste „Probleme beim Lernen und in Prüfungen"

☐ zu spät anfangen   ③ etwas anderes machen wollen   ☐ alles schnell vergessen

☐ den Zeitplan nicht einhalten   ☐ zu viel Kaffee trinken   ☐ Angst vor Prüfungen haben

☐ nur lernen, nichts anderes machen   ☐ nicht genug schlafen   ☐ keine klaren Gedanken haben

---

1   gerber02

Nächste Woche habe ich eine Prüfung und vor dieser Prüfung habe ich richtig Angst. Ich mag mündliche Prüfungen nicht, da geht alles in meinem Kopf durcheinander. Ich bin so nervös, wenn ich den Prüfer vor mir sehe. Er fragt mich etwas und mir fällt nichts ein – alles weg. Es ist dann schrecklich still, das ist so peinlich. Wenn ich dann endlich spreche, wird es immer besser.

2   Schrauber

Ich arbeite als Mechaniker und lerne für die Meisterprüfung. Ich muss viel lernen, jeden Tag gleich nach der Arbeit mindestens noch drei bis vier Stunden. Es wird immer so spät, ich habe zu wenig Schlaf. Aber nur so kann ich den ganzen Stoff schaffen. Ich weiß schon gar nicht mehr, was ein Wochenende ist. Und ich kann schon bald keinen Kaffee mehr sehen!

3   Mona   ◉ 2.5

Alle haben Spaß, aber ICH muss heute lernen. Das Ende vom Semester kommt, und ich habe richtig Stress. Viele Dinge kapier' ich einfach noch nicht und andere vergesse ich gleich wieder. Ich muss noch drei Arbeiten schreiben. Das ist einfach viel zu viel! Es ist jedes Semester das gleiche Problem: Ich mache immer einen schönen Zeitplan, aber ich lerne trotzdem erst dann, wenn die Zeit knapp wird.

> **Gut gesagt:**
> **Sie verstehen das nicht.**
> Ich kapier' das nicht.
> Ich check's nicht.
> Ich blick's nicht.
> Ich versteh' nur Bahnhof.

b Welche Probleme kennen Sie auch? Gibt es noch andere Probleme zum Thema „Lernen und Prüfung"? Sammeln Sie im Kurs.

> sich nicht konzentrieren • nicht konsequent sein • zu wenig Disziplin haben • sich nicht entspannen • alles verschieben • zu perfekt sein wollen • zu wenig wiederholen • ...

Ich kann mich oft nicht konzentrieren, wenn ich lerne. ...

c Beschreiben Sie ein Problem wie in einem Forumsbeitrag. Der Lehrer / Die Lehrerin sammelt die Beiträge ein. Sie arbeiten später damit weiter.

Was müssen Sie machen?   Was ist das Lernproblem?   Wie fühlen Sie sich?

4

a Lernproblem gelöst? Lesen Sie die Antworten aus dem Forum. Zu welchem Beitrag aus 3a passen sie? Ordnen Sie zu.

ka_otin13 Ich kann einfach nicht glauben, was du da sagst. Natürlich kannst du früher für Prüfungen lernen oder deine Arbeiten schreiben. Hast du es wirklich probiert? Ein Tipp: Du solltest nicht deine ganze Zeit verplanen, lass „offene Zeiten" in deinem Arbeitsplan. Stell dir vor, du wirst krank und hast z. B. eine Grippe. Und: Stehen Sport, Freunde treffen oder Freizeit in deinem Zeitplan? Warum nicht?

der Lernhelfer Es gibt ein paar kleine Tricks gegen die Angst. Atme tief durch, das hilft schon. Frage noch mal nach, so kannst du Zeit gewinnen. Zum Beispiel: „Habe ich das richtig verstanden, dass ...?". Übrigens – auch die Prüfer sind oft nervös, denn sie müssen sich sehr konzentrieren und gerecht sein.

EinsteinsKatze Ich glaube, Sie haben zu viel Angst vor einem Fehler. Sie dürfen doch auch in einer Prüfung mal einen Fehler machen, das versteht jeder Prüfer. Nobody is perfect!

Doktor Cool Zum Lernen brauchen Sie dringend Energie, das ist am wichtigsten. Sie sollten unbedingt Pausen machen, nach der Arbeit mal eine Stunde nichts tun. Und Sie können ruhig auch einen freien Tag pro Woche machen, denn der Kopf braucht auch Erholung! Übrigens, wenig Kaffee, aber viel, viel Wasser! Das ist gut für den Kopf. Und Kaffee macht nervös.

b Ordnen Sie zu.

1. _____ gerber02 sollte in der Prüfung auch nachfragen,

2. _____ gerber02 sollte nicht so streng zu sich sein,

3. _____ Schrauber sollte weniger Kaffee trinken,

4. _____ Mona muss auch Freizeit für sich einplanen,

A denn Kaffee macht nervös.
B weil Erholung und Spaß auch wichtig sind.
C weil er so Zeit gewinnen kann.
D denn er darf auch mal einen Fehler machen.

c Markieren Sie in 4b *denn* und *weil* und das Verb. Machen Sie aus denn-Sätzen weil-Sätze und umgekehrt.

> **Sätze verbinden: *denn* und *weil***
>
> Schrauber sollte weniger Kaffee trinken,
>
> **denn** Kaffee **macht** nervös.
> **weil** Kaffee nervös **macht**.
>
> Begründung

d Geben Sie Ratschläge. Was sollten die Personen aus 3a noch tun? Warum?

> *Mona sollte sich für ihre Arbeit belohnen, denn das motiviert.*

> **Ratschläge mit *sollte***
>
> | Du | soll**test** | dich für deine Arbeit | belohnen. |
> | Man | soll**te** | auch Freizeit | einplanen. |
> | Sie | soll**ten** | unbedingt Pausen | machen. |

5

Lesen Sie einen Forumstext aus 3c und schreiben Sie eine Antwort. Geben Sie Ratschläge und begründen Sie.

> Sie sollten ...   Du kannst auch ...
> Machen Sie ...!   Sie müssen (unbedingt) ...

> *Ich kann dich gut verstehen. Aber ich habe einen Tipp.*
> *Du kannst ..., denn ...*

Beruf *Sprache*

6

a Welche Berufe haben mit Sprache zu tun? Sammeln Sie im Kurs. Benutzen Sie auch ein Wörterbuch.

b Arbeiten Sie zu dritt. Jeder wählt eine Person aus dem Zeitschriftenartikel und liest den Text dazu. Machen Sie Notizen wie im Beispiel. Stellen Sie Ihre Person vor. Machen Sie dann zu dritt eine Tabelle und ergänzen Sie alle Informationen zu den drei Personen.

	Tom	
Beruf		
Aufgaben		
Tagesablauf		
Vorteile		
Nachteile		

Toms Beruf ist Gebärdendolmetscher. Er ...

> **Genitiv: Name + -s**
> der Beruf von Lina → Linas Beruf
> der Arbeitstag von Tom → Toms Arbeitstag
> der Tag von Klaus → Klaus' Tag

Mit Sprache arbeiten

Sprachen faszinieren viele Menschen und viele lernen in ihrer Freizeit eine neue Sprache. Wir stellen Ihnen Menschen vor, die Sprache zu ihrem Beruf gemacht haben.

Tom

Vor einem Jahr habe ich meine Ausbildung als Gebärdendolmetscher abgeschlossen. Das ist mein Traumberuf! Ich sorge für eine gute Kommunikation zwischen den Menschen und ich mache jeden Tag etwas anderes. Manchmal begleite ich gehörlose Menschen zu einer Untersuchung beim Doktor. Oder ich dolmetsche in Konferenzen, im Gericht oder auf dem Standesamt, wenn jemand heiratet. Das ist interessant und abwechslungsreich. An manchen Tagen habe ich mehrere Aufträge und arbeite von 8 Uhr morgens bis 8 Uhr abends. An anderen Tagen habe ich komplett frei. Aber ab Oktober habe ich einen festen Termin in der Woche, da unterrichte ich immer am Montag in einer Schule für Gehörlose.

Ich bin noch in der Ausbildung, aber ich habe es fast geschafft. Ich will Logopädin werden, weil Sprachtherapie schon immer interessant für mich war. Am liebsten möchte ich mit Kindern arbeiten, in einer schönen Praxis mit

Lina

netten Leuten und festen Arbeitszeiten. Jetzt bin ich den ganzen Tag in der Schule. Nach dem Unterricht lerne ich immer noch über eine Stunde, manchmal auch 2 oder 3 Stunden, also bis 10 oder 11 Uhr abends. Das geht noch bis nächsten Sommer so. Dann sind Prüfungen und ab dem ersten Juni, nach drei Jahren Ausbildung, bin ich richtige Logopädin und kann mit dem Arbeiten anfangen.

Klaus

Seit vier Jahren bin ich Übersetzer von Drehbüchern für Filme. Film und Kino haben mich schon immer fasziniert. Ich arbeite freiberuflich wie viele Übersetzer, bin also mein eigener Chef. Manchmal habe ich sehr viel Arbeit. Ich fange morgens um 10 Uhr an und arbeite bis Mitternacht. Es gibt aber auch andere Phasen. Da warte ich dann auf Aufträge und habe sehr viel Zeit. Ich habe also auch mal am Montag frei. Ich liebe meinen Beruf, aber manchmal ist es auch ein bisschen einsam.

7.15

7

a Zeitangaben. Lesen Sie die Sätze und verbinden Sie sie mit den Bildern.

1. Mein Unterricht dauert
bis ein Uhr.

A

2. Ich lerne am Abend
über eine Stunde.

B

3. Ab dem ersten Juni kann
ich mit dem Arbeiten anfangen.

C

> **Temporale Präpositionen**
> **bis** + Akkusativ → **bis** ein Uhr
> **über** + Akkusativ → **über** eine Stunde
> **ab** + Dativ → **ab** dem ersten Juni

b Lesen Sie die Texte in 6b und markieren Sie alle Zeitangaben.

c Viele Zeitangaben haben eine Präposition. Schreiben Sie diese Angaben in die Tabelle.

Temporale Präpositionen mit Akkusativ	Temporale Präpositionen mit Dativ
um 10 Uhr	an manchen Tagen

8

Und Ihr Alltag? Wählen Sie fünf Präpositionen aus Aufgabe 7a und 7c und schreiben Sie sie auf einen Zettel. Geben Sie den Zettel Ihrem Partner / Ihrer Partnerin. Er/Sie schreibt mit diesen Präpositionen einen kurzen Text über seinen/ihren Alltag.

an, bis, um, vor, über
Ich bin Tänzerin von Beruf. An den
Arbeitstagen stehe ich um 7 Uhr
auf und trainiere dann bis ...

9

a *b, d* und *g* am Wortende. Was hören Sie? Markieren Sie und ergänzen Sie den Tipp im orangen Kasten.

2.6

1. Auftra**g**: g oder k
2. Aufträ**g**e: g oder k
3. Monta**g**: g oder k
4. Monta**g**e: g oder k
5. Aben**d**: d oder t
6. Aben**d**e: d oder t
7. Fahrra**d**: d oder t
8. Fahrrä**d**er: d oder t

9. Bil**d**: d oder t
10. Bil**d**er: d oder t
11. Vormitta**g**: g oder k
12. Vormitta**g**e: g oder k
13. Lan**d**: d oder t
14. Län**d**er: d oder t
15. Urlau**b**: b oder p
16. Urlau**b**e: b oder p

> **b, d, g am Wortende**
> Man schreibt: Man spricht:
> b   ____
> d   ____
> g   ____

b Üben Sie zu zweit mit den Wörtern aus 9a. Sprechen Sie ein Wort im Singular. Ihr Partner / Ihre Partnerin nennt den Plural. Beim nächsten Wort wechseln Sie.

c Hören Sie und sprechen Sie nach.

2.7

1. Gi**b** mir bitte das Gel**d**!
2. Alles Gute zum Geburtsta**g**! – Danke, das ist lie**b**!

3. Bal**d** habe ich einen neuen Jo**b**!
4. Blei**b** doch noch un**d** hilf mir.

Generationenprojekte

10 a Sehen Sie die Bilder an und lesen Sie die Texte. Welche Informationen über das Projekt bekommen Sie?

Generationenpreis für „Altes Haus"

Das Projekt „Altes Haus" bekommt in diesem Jahr den Preis „Jung&Alt" im Wert von 5.000 Euro. Die beiden Leiterinnen, Agnes Viertler (82) und Ina Ölz (26), hatten

Marmeladen
wie von Oma

Kurs „Marmeladen einkochen" am **14. August** im Café „Altes Haus" mit Agnes Viertler und Rosa Brecht.

Bringen Sie Ihre Früchte

5 Jahre „Altes Haus"

Das wollen wir feiern. 18.10. um 14.00 Uhr
Programm

Wir suchen Servicekräfte (Aushilfen) für unser Café

b Sie hören in Aufgabe 10c eine Reportage über das Projekt. Welche Informationen erwarten Sie? Notieren Sie Fragen.

Was gibt es in diesem Projekt? Wer arbeitet da? ...

c (2.8) Hören Sie. Zu welchen Fragen haben Sie Informationen bekommen? Vergleichen Sie mit einem Partner / einer Partnerin.

d (2.8) Hören Sie noch einmal. Beantworten Sie die Fragen.

1. Was ist „Altes Haus"?
2. Was wollte Frau Ölz lernen?
3. Warum wollte Frau Viertler einen Treffpunkt haben?
4. Wie viele Leute haben schon von den Seniorinnen gelernt?
5. Was hat Agnes Viertler von den jungen Leuten gelernt?
6. Was macht Andreas Kruder?

> **Erwartungen notieren, hören und verstehen**
> Sie kennen das Thema? Was erwarten Sie? Erwartungen helfen beim Verstehen. Notieren Sie Fragen oder Stichwörter. Vergleichen Sie nach dem Hören mit Ihren Notizen.

e Was kann man von älteren Leuten noch lernen? Sammeln Sie.

11 Recherchieren Sie Informationen zu anderen Generationenprojekten. Berichten Sie im Kurs.

 Wo gibt es das?   Was machen die Leute?   Was bieten sie an?

12 a Eine Mini-Präsentation. Hören Sie. Was sagt die Person? Richtig oder falsch? Kreuzen Sie an.

2.9

	r	f
1. „Vorleser" ist ein Generationenprojekt für alte und junge Menschen.	☐	☐
2. In diesem Projekt lesen beide Seiten ihre Lieblingsbücher vor.	☐	☐
3. Über das Projekt gibt es eine Reportage im Fernsehen.	☐	☐
4. Die Senioren freuen sich, wenn die Vorleser zu ihnen kommen.	☐	☐

b Ordnen Sie die Ausdrücke für eine Präsentation den Phasen zu.

1. Ich möchte Ihnen/euch ... vorstellen.   2. Ich finde wichtig, dass ...   3. Ich habe das Thema ... gewählt, weil ...   4. Ich fasse kurz zusammen: ...   5. Zum ersten Punkt: ...   6. Mir gefällt besonders, dass ...   7. Vielen Dank.   8. Haben Sie / Habt ihr Fragen?   9. Ich möchte über ... Punkte sprechen: Erstens ...   10. Ich gebe Ihnen/euch ein Beispiel: ...   11. Gibt es noch Fragen?

Phase 1: Kurze Einleitung	Phase 2: Hauptteil	Phase 3: Schluss
Was präsentieren Sie? Warum haben Sie das Thema gewählt?	Machen Sie eine Gliederung in Ihrer Präsentation. Geben Sie ein Beispiel. Was ist Ihre Meinung?	Fassen Sie kurz zusammen. Bedanken Sie sich bei den Zuhörern. Fragen Sie, ob es noch Fragen gibt.
1., ...		

13 a Was sollte man bei einer Präsentation beachten? Formulieren Sie Ratschläge.

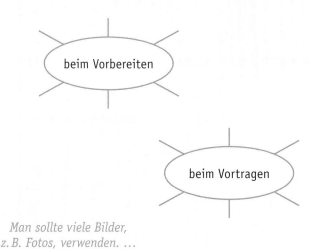

beim Vorbereiten

beim Vortragen

Man sollte viele Bilder, z. B. Fotos, verwenden. ...

Bilder verwenden • die Zuhörer ansehen • die Zuhörer direkt ansprechen • einen interessanten Inhalt wählen • eine Gliederung machen • laut genug sprechen • vor der Präsentation üben • ...

b Machen Sie eine Mini-Präsentation. Wählen Sie ein Thema, das Sie sehr gut kennen.

eine Stadt   ein Beruf   ein Hobby

Eine Präsentation vorbereiten
Lernen Sie wichtige Ausdrücke auswendig.
Verwenden Sie Bilder.
Üben Sie zu Hause (vor dem Spiegel).

Der Film

14 a Ich muss auch üben! Sehen Sie die Fotos an. Was macht Claudia Berg? Worüber sprechen Bea und Ella? Sammeln Sie.

Bea fragt vielleicht, …   *Ich glaube, Ella …*

 7.14

b Sehen Sie Szene 14 an. Richtig oder falsch? Kreuzen Sie an.

	richtig	falsch
1. Ella lernt Französisch und übt mit Bea.	☐	☐
2. Claudia Berg hat einen Kurs für Singen besucht.	☐	☐
3. Claudia Berg besucht bald ein Konzert.	☐	☐
4. Bea möchte ein Konzert von Claudia Berg besuchen.	☐	☐
5. Ella möchte nicht mehr üben.	☐	☐

15 a Ausbildung und Praktikum. Sehen Sie Szene 15. Welche Aussagen stimmen?

7.15

☐ A Hanna Wagner erklärt Iris, was sie im Praktikum machen muss.

☐ C Iris spricht über ihre Ausbildung als Sprecherin.

☐ B Hanna fragt Iris, was sie in ihrer Ausbildung lernt.

☐ D Iris bewirbt sich als Schauspielerin.

b Was muss die Person in der Sprecherausbildung machen? Ordnen Sie die Ausdrücke den Bildern zu.

A das Mikrofon richtig verwenden • B Mimik und Gestik trainieren • C Moderationskarten machen • D Sprechtechnik lernen

c Sehen Sie Szene 15 noch einmal. Was erzählt Iris von ihrer Sprecherausbildung? Was fehlt in 15b?

7.15

d Was denken Sie: Welche Fragen hat Iris? Sammeln Sie zu zweit und spielen Sie ein Vorstellungsgespräch.

Zur Arbeitszeit: Wann … ?   *Also, wir arbeiten hier von …*

Kurz und klar

Ratschläge geben

Sie sollten wenig Kaffee trinken.

Machen Sie mehr Pausen!

Du kannst auch mit dem Lehrer sprechen.

Sie müssen (unbedingt) einen Zeitplan machen.

etwas begründen

Er sollte weniger Kaffee trinken, denn Kaffee macht nervös.

Mona sollte auch Freizeit einplanen, weil Erholung und Spaß wichtig sind.

über den Alltag sprechen: Zeitangaben

Mein Unterricht dauert bis ein Uhr.

Ich lerne am Abend über zwei Stunden.

Ab Juni kann ich mit dem Arbeiten anfangen.

eine Mini-Präsentation machen

Kurze Einleitung	Hauptteil	Schluss
Ich möchte Ihnen/euch ... vorstellen.	Ich möchte über drei Punkte sprechen:	Ich fasse kurz zusammen: ...
Ich habe das Thema ... gewählt, weil ...	Erstens ...	Vielen Dank.
	Zum ersten Punkt: ...	Haben Sie / Habt ihr Fragen?
	Ich gebe Ihnen/euch ein Beispiel: ...	
	Mir gefällt besonders, dass ...	
	Ich finde wichtig, dass ...	

Grammatik

Sätze verbinden: *denn* und *weil*

Er sollte weniger Kaffee trinken,	**denn**	Kaffee	**macht**	nervös.	
Er sollte in der Prüfung oft nachfragen,	**denn**	so	**kann**	er Zeit gewinnen.	
	Konnektor		Verb		

Denn-Sätze sind Hauptsätze. Das Verb steht auf Position 2.

Weil-Sätze sind Nebensätze. Das Verb steht am Ende: Er sollte weniger Kaffee trinken, **weil** Kaffee nervös **macht**.

Konjunktiv II: sollte (Ratschläge)

Du	**solltest**	dich	**belohnen.**
Man	**sollte**	auch Freizeit	**einplanen.**
Sie	**sollten**	unbedingt Pausen	**machen.**
	Modalverb		Satzende: Infinitiv

ich soll**te**	wir soll**ten**
du soll**test**	ihr soll**tet**
er/es/sie soll**te**	sie/Sie soll**ten**

Genitiv: Name + -s

der Beruf von Lina → Linas Beruf

der Arbeitstag von Tom → Toms Arbeitstag

der Tag von Klaus → Klaus' Tag

Apostroph auch bei z und x am Ende:

Max' Tag, Moritz' Tag

Temporale Präpositionen

mit Akkusativ	mit Dativ
bis ein Uhr	**ab** dem ersten Juni
über eine Stunde	**an** manchen Tagen
um zehn Uhr	**seit** vier Jahren
	vor einem Jahr
	nach dem Unterricht

Parkour

Sportlich, sportlich!

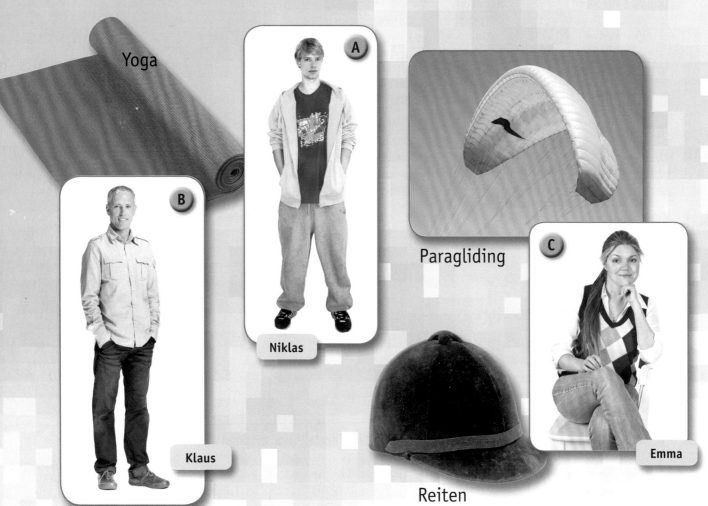

Yoga

A

Paragliding

B

C

Niklas

Klaus

Emma

Reiten

*Der Mann auf
Bild A macht vielleicht ...*

1 **a** Welchen Sport machen die Personen? Sprechen Sie zu zweit und ordnen Sie zu.

Wortschatz
AB

b Vergleichen Sie Ihre Lösungen mit einem anderen Team und begründen Sie.

Tobias

Schneeschuhwandern

Marlene

Tauchen

Sabine

C Die Personen erzählen von ihren Sportarten. Hören Sie. Waren Ihre Vermutungen in 1a richtig?
2.10–15

d Welche Sportart finden Sie am interessantesten? Welche haben Sie selbst schon mal gemacht oder möchten Sie gern machen? Erzählen Sie.

Ich bin auch schon mal im Urlaub getaucht, das finde ich toll.

Paragliding habe ich noch nicht gemacht, aber ich bin schon mal Fallschirm gesprungen.

2 a Welcher (Sport-)Gegenstand ist typisch für Sie? Notieren Sie und zeichnen Sie.

b Sammeln Sie die Zettel ein und verteilen Sie sie neu im Kurs. Wer passt zu dem Gegenstand auf Ihrem Zettel? Gehen Sie in der Klasse herum und suchen Sie die Person.

c Stellen Sie Ihre Person im Kurs vor.

Auf dem Zettel steht „Fotoapparat". Der Zettel ist von Patrizia. Sie fotografiert gern.

Ich bin Fan von ...

3

a Sind Sie ein Fan oder kennen Sie Fans? Was ist typisch für einen Fan? Sammeln Sie in Kleingruppen und vergleichen Sie im Kurs.

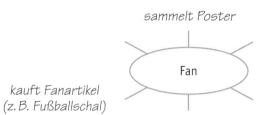

sammelt Poster

Fan

*kauft Fanartikel
(z. B. Fußballschal)*

b Arbeiten Sie zu zweit. Jeder wählt ein Foto und beschreibt die Situation. Welches Foto passt? Der Partner / Die Partnerin rät.

Gespräch _____   Gespräch _____   Gespräch _____

In dieser Situation sind die Fußballfans unterwegs. Sie ...

2.16–18

c Hören Sie die Szenen. Welches Gespräch passt zu welchem Foto?

2.19–21

d Hören Sie die Szenen vor, bei und nach dem Fußballspiel. In welchen Szenen hören Sie die Ausdrücke?

Wortschatz
AB

Begeisterung ☺	Hoffnung ☺	Enttäuschung ☹
Das war großartig. _____	Ich hoffe, dass sie heute gewinnen. _____	Das kann doch nicht wahr sein! _____
Wahnsinn! _____	Jetzt sind sie bestimmt wieder in Topform. _____	Da kann man wohl nichts machen. _____
So was Tolles! _____	Das nächste Mal klappt es bestimmt. _____	Ich finde es echt schade! _____

8.16

4

Ihre Lieblingsmannschaft / Ihr Lieblingssportler gewinnt/verliert. Schreiben Sie zu zweit einen Dialog und spielen Sie ihn vor.

Das kann doch nicht wahr sein!

Oh nein, der FC Schalke 04 hat heute verloren!

5

a Die Fanseite von Thomas Müller. Lesen Sie die Kommentare von Fans. Welche Kommentare sind kritisch, welche sind begeistert/positiv? Sprechen Sie im Kurs.

> Mike77   Das letzte Spiel war echt super. Du bist noch nicht ganz fit, trotzdem hast du besser gespielt als die anderen. Wir haben nur gewonnen, weil du dabei warst. Danke, Thomas!

> Bällchen   Also ich war im Stadion und mir hat es gar nicht gefallen. Alle haben schlecht gespielt, deshalb war das Spiel ziemlich langweilig. Dein Tor war schön, aber Tore sind auch nicht alles.

> FC4ever   Ich finde dich super, weil du dich gar nicht wie ein Star benimmst. Du hast schon so viel gewonnen, trotzdem bist du immer so freundlich und nett zu deinen Fans. Mach weiter so!

> LeoB   Du spielst großartig, deshalb bist du mein Vorbild. Bleib uns lange treu, ohne dich haben wir keine Chance. Deine Mannschaft und deine Fans brauchen dich.

b Lesen Sie die Kommentare in 5a noch einmal und verbinden Sie die Sätze.

1. Müller war krank,   A   trotzdem ist er zu allen nett.
2. Müller ist sehr sympathisch,   B   trotzdem war das Spiel langweilig.
3. Er ist sehr berühmt,   C   deshalb hat sein Team gewonnen.
4. Er hat super gespielt,   D   deshalb hat er viele Fans.
5. Müller hat ein Tor geschossen,   E   trotzdem hat er gut gespielt.

> **Sätze verbinden: *deshalb, trotzdem***
>
> Erwartete Folge
> Ich spiele gut Tennis. → Ich gewinne oft.
> Ich spiele gut Tennis, **deshalb** gewinne ich oft.
> **Folge/Konsequenz**
>
> Nicht erwartete Folge
> Ich spiele gut Tennis. ↛ Ich verliere oft.
> Ich spiele gut Tennis, **trotzdem** verliere ich oft.
> **Widerspruch**

c Schreiben Sie Sätze zu den Bildern. Verwenden Sie *deshalb* und *trotzdem*.

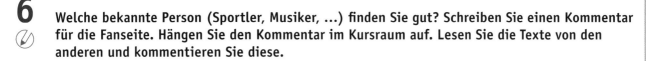

1. Es regnet stark, trotzdem geht der Mann joggen.

6

Welche bekannte Person (Sportler, Musiker, ...) finden Sie gut? Schreiben Sie einen Kommentar für die Fanseite. Hängen Sie den Kommentar im Kursraum auf. Lesen Sie die Texte von den anderen und kommentieren Sie diese.

7

a Unterscheidung von *r* und *l*. Hören Sie zuerst fünf Wörter mit *r* und fünf Wörter mit *l*. Lesen Sie dann laut.

2.22

1. reiten   2. rot   3. drei   4. trinken   5. groß
6. lieben   7. Fußball   8. alle   9. schlecht   10. lang

b Hören Sie Namen von deutschen Stars und ergänzen Sie *r* oder *l*.

2.23

1. Ch__istiane Pau__   3. Phi__ipp __ahm   5. Ti__ Schweiger   7. Jan-Hend__ik Jag__a

2. Ma__ia __iesch   4. Hanne__o__e E__sner   6. Jü__gen K__opp   8. Mo__itz B__eibt__eu

Auf zum Sport!

8

**a Hören Sie das Gespräch.
Wer ist Conny, wer ist Sandra?**

2.24

2.25

> **Gut gesagt:**
> **Sie haben keine Lust.**
> Ach, ich weiß nicht.
> Mir ist nicht nach …
> Lass mal überlegen …

b Hören Sie noch einmal. Was passt zu wem? Kreuzen Sie an.

2.24

Conny	Sandra	
☐	☐	… macht viel Sport.
☐	☐	… musste letzte Woche viel arbeiten.
☐	☐	… will seit einem Jahr Sport machen.
☐	☐	… will mit der Freundin zusammen Sport machen.
☐	☐	… weiß nicht, ob sie genug Kondition hat.

Kino

A

C

B

Park

Hochseilgarten

c Hören Sie das Ende vom Gespräch. Welches Foto / Welche Fotos passen zu welcher Frage? Antworten Sie auf die Fragen.

2.26

1. Wohin will Conny mit Sandra gehen?   Foto _____

2. Was schlägt Sandra vor?   Foto _____

3. Wofür entscheiden sich Conny und Sandra? Fotos _____

Conny will mit Sandra in …

d Vorschläge machen und sich verabreden. Welche Reaktionen sind positiv, welche negativ? Markieren Sie mit ☺ oder ☹.

Vorschläge machen	zustimmen/ablehnen	☺oder☹
Darf ich etwas vorschlagen? Wir können …	1. Ich habe keine Lust/Zeit.	____
Ich habe da einen Vorschlag /	2. Okay, das machen wir. Einverstanden.	____
eine Idee: Wir …	3. Leider geht es am Samstag nicht. /	____
Was denkst du / denken Sie, sollen wir …?	Am … kann ich leider nicht.	
Was hältst du / halten Sie von …?	4. Wollen wir nicht lieber …?	____
	5. Super, das ist eine (sehr) gute Idee.	____
	6. Ja, das passt mir gut. / Ja, da kann ich.	____

8.17

9

Pläne fürs Wochenende. Arbeiten Sie zu zweit. Lesen Sie die Situationen und verwenden Sie Ausdrücke aus 8d. Spielen Sie dann die Situationen und finden Sie eine Lösung.

> **A** Sie haben gerade den Führerschein gemacht und möchten am Wochenende mit Freunden einen Ausflug mit dem Auto machen. Sie haben keine Lust auf Sport.

> **B** Sie möchten sich am Wochenende bewegen und mit Freunden eine Fahrradtour machen oder wandern. Am Samstag müssen Sie arbeiten.

10 a Der Hochseilgarten. Lesen Sie den Eintrag auf Sandras Pinnwand. Was hat sie ausgeliehen? Wie hat es ihr im Hochseilgarten gefallen?

Sandra hat einen Helm und ...

| Pinnwand | Info | Fotos + |

▼ Neuigkeiten

War am Sonntag im Hochseilgarten – wow, da klettert oder balanciert man in ca. 9 Meter Höhe. Natürlich alles ganz sicher. Ist alles super organisiert:

Die Profis vom Hochseilgarten erklären den Leuten die Regeln sehr gut und sie geben den Besuchern Helme. Conny hat mir eine Sporthose und Sportschuhe mitgebracht ☺.

Ich kann euch den Hochseilgarten nur empfehlen, das macht echt Spaß! Ich möchte gleich wieder hin. Hat jemand von euch Lust? Ich schicke euch gern mehr Infos.

b Markieren Sie diese Verben im Text in 10a. Ergänzen Sie dann die Übersicht.

Verben mit Dativ und Akkusativ

Nominativ: Wer?	Verb	Dativ: Wem?	Akkusativ: Was?
Die Profis	erklären	*den Leuten*	*die Regeln.*
_____	geben	_____	_____
_____	bringt	_____	_____ mit.
_____	empfehle	_____	_____
_____	schicke	_____	_____
		Person	**Sache**

c Vergleichen Sie mit Ihrer Sprache.

| Deutsch | Ich leihe | Sandra/ihr | die Sportschuhe. |
| Ihre Sprache | _____ |

| Deutsch | Ich leihe | sie | Sandra/ihr. |
| Ihre Sprache | _____ |

Verben mit Dativ und Akkusativ:
Dativ vor Akkusativ.

Akkusativ = Pronomen? →
Akkusativ vor Dativ

11 Spielen Sie zu dritt. Jeder bekommt sechs Kärtchen. Person A schreibt sechs Verben mit Dativ und Akkusativ (zeigen, schenken, geben, ...), Person B sechs Personalpronomen im Dativ (mir, dir, ...), Person C sechs Substantive oder Pronomen im Akkusativ (den Stift, das ..., ihn, sie ...). Machen Sie drei Stapel: Verb, Dativ und Akkusativ. Jeder zieht drei Karten und bildet einen Satz.

Geocaching

12 **a** „Geocaching – auf der Suche nach dem Schatz".
Vermuten Sie oder erklären Sie: Was ist Geocaching?

b Lesen Sie den ersten Absatz über Geocaching.
Waren Ihre Vermutungen oder Erklärungen richtig?

Geocaching – auf der Suche nach dem Schatz

Geocaching ist eine Art Schatzsuche mit Hilfe von GPS-Geräten. Jemand versteckt etwas, einen sogenannten Geocache. Dann stellt er die geografischen Koordinaten von dem Versteck ins Internet. Andere Leute suchen dann mit ihrem GPS-Gerät das Versteck.

c Lesen Sie weiter und markieren Sie alle Wörter, die Sie kennen. Entscheiden Sie dann: Welcher Satz fasst den jeweiligen Abschnitt richtig zusammen: A oder B?

Was ist ein Geocache?

Cache kommt aus dem Französischen und ist ein Behälter, zum Beispiel eine wasserdichte Dose. Die Größe ist egal. Er kann sehr klein (eine kleine Dose) oder auch sehr groß sein (z. B. ein Tresor).

Wichtig ist, dass die Behälter den Inhalt, nämlich den Schatz, gut schützen. Der Behälter ist also zu, wenn man ihn findet. Meistens sind es Plastikdosen, die auch im Winter bei Minustemperaturen und im Sommer bei Temperaturen bis 35 Grad nicht kaputtgehen.

A Ein Geocache ist sehr oft eine stabile Dose aus Plastik, die Größe ist nicht wichtig.

B Ein Geocache ist eine große Dose, die im Winter nicht kaputtgeht.

Was ist in einem Geocache?

Im Geocache sind immer ein Logbuch und kleine „Schätze", oft zum Tauschen. Wenn man einen Cache findet, darf man etwas herausnehmen und dafür etwas anderes hineinlegen. Diesen Tausch notiert man dann im Logbuch und auf der Internetseite des Caches.

A In einem Geocache sind ein kleines Buch und eine Internetadresse.

B In einem Geocache sind ein kleines Buch und kleine Gegenstände.

Wo findet man Geocaches?

Geocaching ist ein Spaß für Jung und Alt in der Natur – und die Natur ist allen Geocaching-Fans wichtig. Deshalb machen Geocacher die Natur nicht kaputt, das heißt: Sie graben keine Löcher in die Erde und machen keine Pflanzen kaputt. Meistens verstecken sie die Caches in kleinen Höhlen, unter Bäumen, in alten Häusern und so weiter.
Im Internet gibt es Geocache-Seiten. Hier findet man Land-

A Geocaches sind oft unter kleinen Pflanzen versteckt. Es gibt viele Bücher mit Landkarten für Geocaching.

B Geocaches sind oft in Höhlen, Bäumen oder Häusern versteckt. Online findet man Landkarten mit den Caches.

karten mit allen Geocaches. Zu jedem Cache findet man Informationen über den Weg und das Gelände (Gibt es Berge? Muss man schwierige Wege gehen? ...)

Welche besonderen Geocaches gibt es?

Bei traditionellen Caches findet man im Internet die Koordinaten vom „Schatz" – und schon kann die Suche beginnen. Es gibt aber auch Multicaches. Bei diesen Caches muss man Aufgaben lösen, dann kann man den „Schatz" finden. Oft sind dann die Sehenswürdigkeiten auf dem Weg wichtiger als der Schatz. Das Suchen von einem Cache kann also gleichzeitig eine kleine Stadtbesichtigung oder eine sehr schöne Naturwanderung sein.

A Bei Multicaches muss man Aufgaben lösen. Dann bekommt man die nächsten Koordinaten.

B Bei Multicaches stehen die Koordinaten im Internet.

13 a **Hören Sie den Bericht über Geocaching in Luzern. Über welche Sehenswürdigkeiten spricht die Person? Notieren Sie die Reihenfolge.**

2.27

Muséggmauer _____

Kapellbrücke am
Vierwaldstätter See

_____

Kultur- und Kongresszentrum _____

Bahnhof Luzern _____

b **Wählen Sie eine Sehenswürdigkeit aus 13a und recherchieren Sie im Internet.**

Wann gebaut?   Wie teuer?   Wofür gebaut?   Besonderheiten?

c **Bilden Sie Gruppen mit der gleichen Sehenswürdigkeit. Vergleichen und ergänzen Sie in der Gruppe die Informationen. Präsentieren Sie gemeinsam „Ihre" Sehenswürdigkeit mit einem Plakat.**

Der Film

14 **a Echte Fans. Sehen Sie Szene 16 ohne Ton und beantworten Sie die Fragen.**

8.16

- Welche Kleidung tragen Bea und Felix?
- Woher kommen Bea und Felix? Was ist dort passiert?
- Welche Wörter passen zu Bea und Felix?

> fröhlich • enttäuscht • begeistert •
> traurig • glücklich • schlecht gelaunt

b Sehen Sie nun die Szene mit Ton und ordnen Sie den Dialog.

8.16

____ ◆ So ein Abseits sieht doch wohl ein Blinder.

____ ◆ Und jetzt?

____ ◆ Wir müssen unbedingt das nächste Spiel gewinnen!

____ ◇ Erst gibt er uns keinen Elfmeter und dann bekommen die auch noch ein Abseitstor geschenkt!

_1_ ◆ Na, wie war's?

____ ◆ Dabei haben unsere Jungs so gut gespielt. Der Schiri! (Schiri = Schiedsrichter)

____ ◇ Nix war's. 1:2 verloren.

____ ◆ Ja, genau.

____ ◇ Der nicht! Ich habe das Gefühl, der hat die ganze Zeit gegen uns gepfiffen.

c Verstehen Sie die Wörter „Elfmeter" und „Abseits"? Wenn nicht, benutzen Sie das Wörterbuch. Wie heißen die Wörter in Ihrer Sprache?

d Spielen Sie den Dialog zu dritt.

15 **a Verrückt, oder? Sehen Sie Szene 17. Was macht der junge Mann bei seinem Sport? Beschreiben Sie.**

8.17

> rennen • klettern • laufen •
> sich drehen • springen

b Wie beschreibt der Mann die Sportart Parkour? Ergänzen Sie den Satz.

Das ist eine Sportart, bei der man den direktesten

_____.

c Was wollen Bea und Claudia wissen? Notieren Sie die Fragen. Was antwortet der Mann?

d Welche anderen „neuen" Sportarten kennen Sie? Was macht man da? Erzählen Sie oder machen Sie die typischen Bewegungen vor.

Kurz und klar

Begeisterung ausdrücken

Das war großartig.
Wahnsinn!
So was Tolles!

Enttäuschung ausdrücken

Das kann doch nicht wahr sein!
Da kann man wohl nichts machen.
Ich finde es echt schade!

Hoffnung ausdrücken

Ich hoffe, dass sie heute gewinnen.
Jetzt sind sie bestimmt wieder in Topform.
Das nächste Mal klappt es bestimmt.

Vorschläge machen

Darf ich etwas vorschlagen? Wir können ...
Ich habe da einen Vorschlag / eine Idee:
Wir gehen ...
Was denkst du / denken Sie, sollen wir ...?
Was hältst du / halten Sie von ...?

zustimmen

Okay, das machen wir.
Einverstanden.
Super, das ist eine (sehr)
gute Idee.
Ja, das passt mir gut.
Ja, da kann ich.

ablehnen

Ich habe keine Lust/Zeit.
Wollen wir nicht lieber ...
Leider geht es am Samstag nicht.
Am ... kann ich leider nicht.
Wollen wir nicht lieber ...?

Grammatik

Sätze verbinden: *deshalb, trotzdem*

Konsequenz / erwartete Folge

Hauptsatz		Hauptsatz		Hauptsatz			Hauptsatz		
Ich spiele gut Tennis. →		Ich gewinne oft.		Ich spiele gut Tennis,			**deshalb**	gewinne	**ich** oft.

Widerspruch / nicht erwartete Folge

| Ich spiele gut Tennis. ↗ | | Ich verliere oft. | | Ich spiele gut Tennis, | | | **trotzdem** | verliere | **ich** oft. |

Konnektor · Verb · Subjekt

Verben mit Dativ und Akkusativ

Dativ vor Akkusativ

Nominativ: Wer?	Verb	Dativ: Wem?	Akkusativ: Was?
Die Profis	geben	dem Besucher	einen Helm.
Die Profis	geben	ihm	einen Helm.
Conny	leiht	ihrer Freundin	die Sportschuhe.
Conny	leiht	ihr	die Sportschuhe.
		Person	Sache

Einer Person etwas
schenken, erklären, geben,
bringen, schicken, zeigen,
anbieten, ...

Akkusativ als Pronomen? → Akkusativ vor Dativ

Nominativ: Wer?	Verb	Akkusativ: Was?	Dativ: Wem?
Die Profis	geben	ihn	den Besuchern.
Die Profis	geben	ihn	ihm.
Conny	leiht	sie	der Freundin.
Conny	leiht	sie	ihr.
		Sache	Person

Lernziele

sich beschweren, sich entschuldigen,
  einlenken
um etwas bitten
Erfahrungsberichte verstehen
über Vergangenes berichten
über Haustiere sprechen
auf Informationen reagieren
eine Geschichte schreiben und
  korrigieren

Grammatik
Konjunktiv II: *könnte* (höfliche Bitten)
Nebensätze mit *als* und *wenn*

Hallig Südfall (Insel im Wattenmeer) in der Nordsee.
Länge 1,2 km, Breite 620 m, Fläche 0,56 km².
Einwohner: 2

Zusammen leben

Unser Hausboot schaukelt so schön. Die Jahreszeiten sind
auf dem Wasser besonders intensiv und die Luft ist immer
frisch. Jetzt sind die Bäume am Ufer zum Teil rot. Genial,
wenn sich die Wolken und Bäume im Wasser spiegeln!
Cordula Hansson, Kauffrau

Ich habe überlegt: „Was braucht man wirklich?" Eigentlich nicht viel. Im Mikrohaus
mit ca. 30 Quadratmetern hat alles Platz,
da kann man schön wohnen. Einen Keller
braucht man nicht. Und die Terrasse auf
dem Dach ist im Sommer das Wohnzimmer.
Sascha Haas, Ingenieur

1

a **Sehen Sie die Fotos an. Wo wohnen die Leute? Was gefällt
Ihnen am besten, was gefällt Ihnen nicht? Warum?**

Ich finde gut, dass das Haus …

b **Lesen Sie die Texte. Was ist besonders an den verschiedenen Wohnformen?**

Der Bauernhof ist schon sehr alt und es …

4

Bauernhof Kraxner in Lahnenberg:
400 Jahre alt, immer bewohnt, auf 1438 m
Seehöhe. 6 km vom Dorf entfernt, mitten in
der Natur. 800 m zu den nächsten Nachbarn.
2004 renoviert, vier Ferienwohnungen.

Was ist, wenn man eine Kirche nicht
mehr als Kirche benutzt? Dann ist sie
einfach ein großes, schönes Gebäude.
Und in diesem Gebäude wohnen wir.
Hohe Räume und viel Platz für uns
und die Kinder – einfach ein Traum.
Karin Küng, Lehrerin

5

2

a Die Meinungen der Bewohner. Hören Sie. Wie ist das Leben an diesen Orten? Notieren Sie.

2.28–32

	Wie ist das Leben da?	Welche anderen Personen sind für die Leute wichtig?
allein auf der Insel	einsam, benutzt Skype gemütlich	arbeit hier, Biologe, retired, Touristen
auf dem Hausboot	klein, kein Gastraum	Gueste
im Mikrohaus am Stadtrand	genug Platz, selbst gebrauch	Leute who mogen Terasse
auf dem Bauernhof in den Bergen	mit seine Familie, Nachbarn sind wichtig	Leute bitten brauchen Hilfe who
in einer alten Kirche	genug Platz Kinder laufen wohnen mit viel Platz	Kinder, Platz für Geste

b Wo möchten Sie gern wohnen? Erzählen Sie.

9.18

Ich möchte in einem Haus am Strand wohnen.

Die lieben Nachbarn?

3

a Lesen Sie. Was ist das Problem?

◆ Guten Tag, Frau Sammer.
◆ Hm, Tag. Hören Sie mal, so geht das nicht. Gestern Nacht war …
◆ Ja, entschuldigen Sie bitte, wir haben eine Prüfung gefeiert.
◆ Das muss doch nicht so laut sein! Ich konnte die ganze Nacht nicht schlafen.
◆ Oh, das tut uns leid. Wir haben nicht gemerkt, dass es ein bisschen später geworden ist.
◆ Ein bisschen später! …

b Hören Sie das Gespräch. Richtig oder falsch? Kreuzen Sie an.

2.33

	richtig	falsch
1. Die Studentinnen haben bis 3.30 Uhr eine laute Party gefeiert.	☐	☐
2. Die Nachbarin hat sich beschwert, aber die Party ist nicht leiser geworden.	☐	☐
3. Die Nachbarin hatte bisher noch nie Probleme mit den Studentinnen.	☐	☐
4. Die Studentinnen laden die Nachbarin zum Kaffee ein.	☐	☐

4

Wortschatz AB

a Konflikte im Haus. Ordnen Sie den Wortschatz zu. Beschreiben Sie die Situationen.

A  **B**  **C**

> die Haustür • Hund bellt immer • Räder abstellen verboten • stören, auch in der Nacht • grillen • kann nicht schlafen • der Rauch • es stinkt • Eingang muss frei sein

A: die Haustür, …

Auf Bild A stehen …

b Wählen Sie mit einem Partner / einer Partnerin eine Situation aus 4a. Bereiten Sie einen Dialog vor. Spielen Sie das Gespräch.

9.19

sich beschweren	sich entschuldigen	einlenken
Es stört mich, wenn …	Das habe ich nicht gewusst.	Ist ja schon gut.
Ich finde es nicht gut, wenn …	Ich möchte mich entschuldigen.	Schon okay.
Sie können doch nicht …	Das kommt nicht mehr vor.	Na ja, wenn das so ist …
Entschuldigen Sie, können Sie bitte …	Das wollte ich nicht.	Na gut, ist nicht so schlimm.
Das geht wirklich nicht.	Es tut mir schrecklich/sehr leid.	Vergessen wir das.
Sie haben schon wieder …		Das ist schon in Ordnung.

c Welche Konfliktsituationen mit Nachbarn sind bei Ihnen typisch?

Gute Nachbarschaft

5

a Sehen Sie die Zeichnungen an. Wo sagt die Frau was? Notieren Sie.

1 *Ich erwarte ein Paket. Könnten Sie es bitte für mich annehmen?*

2 *Lena, räum bitte die Spülmaschine aus.*

3 *Kannst du heute den Kleinen abholen?*

A ☐

B ☐

C ☐

b Vergleichen Sie die drei Aussagen. Welche ist besonders höflich?

c Bitten Sie Ihre Nachbarn um einen Gefallen. Notieren Sie zu jeder Situation eine höfliche Bitte.

1. Sie fahren zwei Wochen in Urlaub.
2. Sie wollen etwas kochen/reparieren/... und brauchen etwas.
3. Sie schaffen etwas nicht allein.

ein Päckchen für mich annehmen • den Briefkasten leeren • meine Katze füttern • mir ... leihen • mir ... geben • mir helfen • meine Blumen gießen

1. Könnten Sie bitte meine Katze füttern? Ich fahre bis ...

Konjunktiv II: *könnte* (höfliche Bitte)

du kön**ntest**	Könntest du ...?
ihr kön**ntet**	Könntet ihr ...?
Sie kön**nten**	Könnten Sie ...?

d Lesen Sie eine Bitte vor. Ein anderer Kursteilnehmer antwortet.

Könnten Sie bitte meine Katze füttern?

Tut mir leid, ich bin auch nicht da.

6

Die höflichen fünf Minuten. Wählen Sie eine Situation (im Unterricht, im Café, beim Ausflug, ...). Formulieren Sie alle Bitten sehr höflich.

Könntest du mir bitte einen Bleistift geben?

Könnten Sie bitte Seite 22 aufschlagen?

Meine erste Woche

7 **a** Sie möchten in eine andere Stadt umziehen. Was machen Sie alles? Sammeln Sie zu zweit
Wortschatz und vergleichen Sie dann im Kurs.
AB

> einziehen • sich verabschieden • Umzugswagen bestellen • Sachen packen •
> sich anmelden • sich abmelden • ein Fest für die Nachbarn machen • ...

b Lesen Sie die Mails von Melanie und Vera. Welche Sachen aus 7a haben sie gemacht?
Welche Probleme hatten sie?

Von: melanie.widmer@schweiz.ch
An: v.richter@gtx.de
Hallo Vera,
viele Grüße aus Heidelberg – ich finde es toll, dass wir für ein Semester
Zimmer tauschen! Ich fühle mich sehr wohl in „deiner Wohnung". Und ich
verspreche dir, dass ich auf deine Sachen gut aufpasse.
Als ich noch in Fribourg war, habe ich den Umzug gut vorbereitet – Sachen
packen, mich überall verabschieden, meinen Job als Kellnerin kündigen. Und
dann bin ich in dein Zimmer in Heidelberg eingezogen. ... Als ich mich hier an
der Uni anmelden wollte, hat mir ein Zeugnis gefehlt. Zum Glück konnte es
meine Mutter faxen und jetzt bin ich offiziell Studentin in Heidelberg!
Heute Abend hatten wir das erste WG-Essen. Endlich, denn bisher haben wir
uns kaum gesehen: Immer wenn ich zu Hause war, waren Lena und Noah
weg. Es war echt ein netter Abend, wir haben uns lange unterhalten.
Wie läuft es denn bei dir? Hast du noch Fragen?
LG
Melly

Von: v.richter@gtx.de
An: melanie.widmer@schweiz.ch
Hi Melly,
freut mich, dass es dir gut geht! Mir gefällt es hier in Fribourg auch sehr gut.
Es ist ja alles etwas kleiner als in Heidelberg. Als ich das erste Mal im Zentrum
war, habe ich mich trotzdem verirrt. Aber jetzt kenne ich mich schon gut aus.
Und wenn ich Hilfe brauche, dann frage ich die anderen Studenten.
Ich hatte ziemlich viel Stress beim Packen in Heidelberg, weil ich nur einen Tag
Zeit hatte. Morgen muss ich mich noch offiziell in Fribourg anmelden. Ich bin
schon gespannt, ob ich das auf Französisch oder auf Deutsch machen kann.
Wenn ich in Heidelberg Französisch gesprochen habe, konnte ich das nicht
gut. Aber jetzt geht es schon viel besser. Und bald bin ich sicher perfekt ☺!
Also "bonne chance"!
Vera

c Lesen Sie die E-Mails noch einmal und verbinden Sie.

1. Als Melly noch in Fribourg war,   A hat sie den Rückweg nicht gefunden.
2. Melly hat ein Zeugnis gefehlt,   B helfen ihr die Mitstudenten.
3. Melly hat Lena und Noah kaum gesehen,   C hatte sie oft Probleme.
4. Wenn Vera Fragen hat,   D hat sie den Umzug vorbereitet.
5. Als Vera das erste Mal in der Stadt war, E deshalb musste es ihre Mutter faxen.
6. Wenn Vera Französisch sprechen musste,   F weil alle viel unterwegs waren.

8

a *als* oder *wenn*? Lesen Sie die Beispiele im Kasten und kreuzen Sie an.

Nebensätze mit *als* und *wenn*	früher		jetzt
	ein Mal	oft	
Als Melly noch in Fribourg war, hat sie alles vorbereitet.	☒	☐	☐
Ihre Sprache:			
(Immer) wenn Melly zu Hause war, war Lena nicht da.	☐	☒	☐
Ihre Sprache:			
Wenn Vera Fragen hat, fragt sie andere Studenten.	☐	☐	☒
Ihre Sprache:			

b Ergänzen Sie die Sätze in Ihrer Sprache in der Tabelle in 8a. Was ist anders, was ist gleich?

c Melly erzählt über ihre Spracherfahrungen. Ergänzen Sie *als* oder *wenn*.

1. _____Als_____ ich Schülerin war, habe ich fast nur Französisch gesprochen.   *indicates einMal*
2. ~~Als~~ Wenn ich meine Cousine getroffen habe, haben wir uns meistens auf Deutsch unterhalten.   *think How many times are You 14?*
3. _____Als_____ ich 14 Jahre alt war, habe ich am liebsten Comics auf Deutsch gelesen.
4. Aber immer __wenn__ ich traurig war, habe ich französische Musik gehört.
5. Vera und ich hatten immer viel Spaß, __wenn__ sie mich besucht hat.
6. ~~Wenn~~ Als ich das erste Mal in Heidelberg war, hat es mir super gefallen.   *clue*

> **Nebensätze mit *als*:** einmaliges Ereignis in der Vergangenheit.

d Arbeiten Sie zu dritt und erzählen Sie über sich.

Als ich 14 Jahre alt war, …

Als ich das erste Mal in … war, …

Wenn ich allein zu Hause war, …

Als ich das erste Mal Geld verdient habe, …

Wenn ich meine Oma besucht habe, …

9

Arbeiten Sie in zwei Gruppen. Eine Gruppe sucht nach Informationen über Heidelberg, die andere Gruppe über Fribourg. Machen Sie ein Plakat zu dieser Stadt und präsentieren Sie es der anderen Gruppe.

Einwohner • Lage • Sehenswürdigkeiten • Universität • Spezialitäten • …

10

2.34

a Satzakzent. Hören Sie und markieren Sie: Wo ist der Satzakzent?

1. Melly kommt aus der Schweiz.
2. Vera ist ihre Cousine.
3. Melly und Vera sind Studentinnen.
4. Sie haben ihre Wohnungen getauscht.

2.35

b Hören Sie und markieren Sie Pausen | und Wortgruppenakzente ▢.

1. Melly hat vor einem Monat mit ihrem Studium in Heidelberg begonnen.
2. Sie studiert an der Uni und arbeitet abends in einer Kneipe.
3. Vera hat sich in Fribourg verirrt und musste nach dem Weg fragen.
4. Vera hat vor ihrer Abreise aus Heidelberg schlecht Französisch gesprochen.

c Lesen Sie die Sätze laut und achten Sie auf die Betonung.

> **Satz- und Wortgruppenakzent**
> Sätze haben immer einen Satzakzent, kurze Sätze normalerweise am Satzende. Längere Sätze spricht man mit Pausen. Jede Wortgruppe hat einen Akzent, ebenfalls am Ende.

Die Deutschen und ihre Haustiere

11

a Hören Sie. Was möchte die Frau? Was ist das Problem?

to find a place for the kittens

2.36

b Hören Sie noch einmal. Welche Gründe haben die Personen?

Anne: *die Katzen werden allein sein (Kätzchen)*

Tanja: *Dirk hat Katzen allergie*

Sven: *sein Vermieter erlaubt es nicht*

Wortschatz
AB

c Und Sie? Nehmen Sie ein Kätzchen?
Spielen Sie zu zweit ein Telefongespräch.

> ! „-chen" und „-lein" machen alles klein. Diese Wörter sind immer neutrum.
>
> die Katze   **das** Kätz**chen**

12

a Haustiere. Was vermuten Sie? Sind die Aussagen richtig oder falsch?
Kreuzen Sie an und sprechen Sie zu zweit.

	richtig	falsch
1. Es gibt in Deutschland mehr Hunde als Katzen.	☐	☒
2. Auch besondere Haustiere, z. B. Schweine, sind populär.	☒	☐
3. Deutsche geben für Haustiere mehr als drei Milliarden Euro pro Jahr aus.	☒	☐
4. Mehr Männer als Frauen haben Haustiere.	☐	☒
5. Sieben Prozent möchten später ein Haustier kaufen.	☐	☒

> 66 **Gut gesagt:**
> **Kosenamen**
> Kosenamen für
> Partner und Kinder
> sind oft Tiernamen:
> Maus, Mausi, Mäuschen
> Bär, Bärchen
> Hase
> Spatz

b Lesen Sie den Text über Haustiere und kontrollieren Sie Ihre
Vermutungen aus 12a.

Haustiere sind in Deutschland populär

 Ratte   Fisch   Vogel   Schwein

In jedem sechsten Haushalt in Deutschland leben Haustiere. Am beliebtesten sind Katzen und Hunde. Über 8 Millionen Deutsche haben eine Katze, circa 5 Millionen einen Hund. Aber es gibt auch „modische" Haustiere, zum Beispiel im Moment Schweine oder Ratten. Haustiere machen Spaß, aber sie kosten auch viel Geld und Zeit. Jedes Jahr geben die Deutschen 3,15 Milliarden Euro für Tierarzt, Futter etc. aus. Es gibt verschiedene Gründe, warum die Menschen Haustiere haben: Sie helfen bei Stress, sind immer da und den Menschen treu. Und Kinder lieben sie einfach.
Interessant: Frauen haben häufiger Haustiere als Männer. Nur 7% Prozent sagen, dass sie ganz sicher kein Haustier wollen. Die anderen können sich ein Haustier vorstellen, wenn ihre Lebenssituation anders ist (größere Wohnung, mehr Zeit).

c Welche Informationen haben Sie überrascht? Was haben Sie schon gewusst? Sprechen Sie
zu dritt.

> Ich finde interessant, dass ... • Mich hat überrascht, dass ... • Für mich ist neu, dass ... •
> Das habe ich nicht gewusst. / Ich habe nicht gewusst, dass ... • Das ist bei uns ganz anders. •
> Das ist bei uns genauso. • Ich habe auch schon gehört, dass ... • Das habe ich schon gewusst.

d Was ist Ihr Lieblingstier? Sprechen Sie im Kurs und machen Sie eine Kursstatistik.

Tiergeschichten

13 **a** Wählen Sie einen Text: A oder B. Lesen Sie diesen Text. Welche Aussage ist richtig: 1, 2 oder 3?

A Ein Paar macht in Kanada Urlaub. Sie möchten ein Foto von sich machen. Sie stellen die Kamera auf einen Stein und setzen sich vor einen See. Der Mann drückt den Selbstauslöser. Ein Erdhörnchen ist neugierig. Das Erdhörnchen springt vor die Kamera und schaut hinein. Die Kamera macht das Foto. Das Paar ist glücklich über dieses Foto.

B Als ein junges Paar Urlaub in Kanada gemacht hat, wollten sie ein Foto von sich machen. Also haben sie ihre Kamera auf einen Stein gestellt und den Selbstauslöser gedrückt. Plötzlich ist ein neugieriges Erdhörnchen vor die Kamera gesprungen und hat hineingeschaut, genau in dem Moment, als die Kamera das Foto gemacht hat. Das Paar freut sich heute noch über dieses besondere Foto.

1 Das Erdhörnchen gehört dem Paar.
2 Das Foto ist eine Fotomontage.
3 Das Erdhörnchen ist zufällig da.

b Lesen Sie jetzt auch den anderen Text. Vergleichen Sie die beiden Texte mit der Checkliste. Was passt zu Text A, was zu Text B? Welcher Text hat den besseren Stil?

Checkliste „Texte besser schreiben"	Text A	Text B
1. Gibt es Hauptsätze und Nebensätze?		✓
2. Beginnen die Sätze unterschiedlich? *different*		✓
3. Gibt es Wörter wie *dann, danach, plötzlich*?		✓
4. Gibt es häufig Adjektive? *often*		✓

14 **a** Wählen Sie ein Foto und schreiben Sie eine Geschichte dazu. Oder kennen Sie eine andere Tiergeschichte?

die Ente •
das Küken •
der Polizist •
die Straße überqueren

der Schwan •
verliebt sein in •
das Schwan-Boot aus Plastik •
der See

b Lesen Sie Ihren Text noch einmal und kontrollieren Sie ihn mit der Checkliste aus 13b. Was können Sie verbessern?

Wortschatz AB **c** Hängen Sie alle Texte im Kursraum auf und lesen Sie die Texte. Welche Geschichte gefällt Ihnen am besten? Markieren Sie mit einem ☺.

Texte schreiben
Korrigieren Sie Ihren eigenen Text selbst. Lesen Sie Ihren Text kritisch und überlegen Sie: Was können Sie besser machen? Eine Checkliste hilft Ihnen.

Der Film

15 a „Suche Wohnung auf dem Land". Zu welcher Person im Film passt das? Was ist typisch für das Leben in einem alten Bauernhaus?

> Idyllisches Bauernhaus in der Nähe von München, 3 Zimmer, Küche, Bad, 60 qm Wohnfläche, Garten und Terrasse
> ------------------------------------

9.18

b Sehen Sie Szene 18. Warum findet Ella das Bauernhaus gut? Wählen Sie aus.

keine Nachbarn • Tiere • ruhig • schön • viel Platz • nicht weit in die Stadt • eigener Garten

C Spielen Sie zu dritt. Person A sucht eine Wohnung. Person B ist für eine Wohnung auf dem Land, Person C für eine Wohnung in der Stadt. Person B und C notieren Argumente, Person A überlegt, was ihm/ihr wichtig ist. Diskutieren Sie dann gemeinsam.

16 a Der neue Mitbewohner. Sehen Sie Szene 19. Welches Problem hat Iris?

9.19

b Höflich? Unhöflich? Wie spricht Iris mit ihrem Mitbewohner? Wie spricht Jörg mit Iris? Markieren Sie auf der Skala und vergleichen Sie im Kurs.

9.19

1   2   3   4   5   6   7   8   9   10

unhöflich   sehr höflich

C Wie kann man den Konflikt anders lösen? Schreiben Sie die Sätze von Iris neu.

Iris   Jörg! He, Jörg, mach die Musik leiser! Wir verstehen ja unser eigenes Wort nicht mehr!

_____

Jörg   Iris? Entschuldigung, ich wusste nicht, dass du Besuch hast.

Iris   Ob ich Besuch habe oder nicht: Die Musik ist viel zu laut! Du wohnst ja hier nicht alleine! Du könntest ruhig ein bisschen mehr Rücksicht nehmen!

_____

_____

Jörg   Tut mir echt leid, sorry.

Iris   Der Typ nervt. ...

_____

d Spielen Sie die Situation zuerst mit Ihrem Text aus 16c. Schließen Sie dann das Buch und spielen Sie die Situation frei.

Kurz und klar

sich beschweren

Es stört mich, wenn ...
Ich finde es nicht gut, wenn ...
Sie können doch nicht ...
Entschuldigen Sie, können Sie bitte ...
Das geht wirklich nicht.
Sie haben schon wieder ...

sich entschuldigen

Das habe ich nicht gewusst.
Ich möchte mich entschuldigen.
Das kommt nicht mehr vor.
Das wollte ich nicht.
Es tut mir schrecklich/sehr leid.

einlenken

Ist ja schon gut.
Schon okay.
Na ja, wenn das so ist.
Na gut, ist nicht so schlimm.
Vergessen wir das.
Das ist schon in Ordnung.

jemanden um etwas bitten

Füttere bitte die Katze. • Kannst du bitte die Katze füttern? • Könntest du bitte die Katze füttern? •
Bitte helfen Sie mir. • Können Sie mir bitte helfen? • Könnten Sie mir bitte helfen?

über Vergangenes sprechen

Als Melly 17 war, ist sie noch zur Schule gegangen.
Wenn Melly zur Schule gegangen ist, hat sie immer ihre Freunde getroffen.

auf Informationen reagieren

Ich finde interessant, dass ...
Mich hat überrascht, dass ...
Für mich ist neu, dass ...
Das habe ich nicht gewusst. /
Ich habe nicht gewusst, dass ...

Das ist bei uns ganz anders.
Das ist bei uns genauso.
Ich habe auch schon gehört, dass ...
Das habe ich schon gewusst.

Grammatik

Konjunktiv II von *können*

höfliche Bitten		
Könntest	du mir bitte	**helfen**?
Könntet	ihr bitte Seite 22	**aufschlagen**?
Könnten	Sie bitte die Blumen	**gießen**?

Formen

	Präteritum	Konjunktiv II
ich	konnte	könnte
du	konntest	könntest
er/es/sie	konnte	könnte
wir	konnten	könnten
ihr	konntet	könntet
sie/Sie	konnten	könnten

Nebensätze mit *als* und *wenn*

Hauptsatz	Nebensatz			Hauptsatz
Vera freut sich,	**wenn**	Melly sie	**besucht.**	
	(Immer) wenn	Melly zu Hause	**war,**	war Lena nicht da.
Melly war noch in Fribourg,	**als**	sie den Umzug	vorbereitet **hat.**	
	Als	ich 14 Jahre alt	**war,**	bin ich nach Berlin gefahren.

Nebensätze mit *als* verwendet man für einmalige Ereignisse in der Vergangenheit.
Für mehrmalige Ereignisse in der Vergangenheit verwendet man *wenn*.
Im Präsens verwendet man immer *wenn*.

Wiederholungsspiel

1 **Kopf oder Zahl? Spielen Sie zu zweit oder zu viert (zwei Paare).**

Ein Spieler / Ein Paar läuft auf A, der andere / die anderen auf B.

Werfen Sie eine Münze. Kopf? Gehen Sie ein Feld vor.

Zahl? Gehen Sie zwei Felder vor.

Lösen Sie auf Ihrem Feld die Aufgabe. Richtig gelöst? Sie bleiben auf dem Feld, der nächste Spieler / das nächste Paar ist dran.
Falsch gelöst? Gehen Sie ein Feld zurück, der nächste Spieler / das nächste Paar ist dran.

Sie kommen auf ein Glücksfeld:

Richtig gelöst? Gehen Sie zwei Felder vor.
Falsch gelöst? Bleiben Sie auf dem Feld.

Wer ist zuerst im Ziel?

---

1 Nennen Sie fünf Verkehrsmittel in der Stadt (mit Artikel und Plural).

1 Wo können Leute wohnen? Nennen Sie fünf Möglichkeiten (mit Artikel und Plural).

2 Welche Vorteile gibt es, wenn man mit dem Zug fährt und nicht mit dem Auto? Nennen Sie drei.

2 Sie fahren mit dem Auto. Welche Probleme kann es mit ihrem Auto geben? Nennen Sie drei.

3 Indirekte Fragen: Können Sie mir sagen, …
1. warum / nicht / fahren / die S-Bahn
2. in Hamburg / wann / sein / wir

3 Indirekte Fragen: Ich weiß nicht, …
1. einen Parkplatz / wo / finden / ich
2. ich / wie lange / stehen / im Stau

4 Erklären Sie den Weg.

4 Erklären Sie den Weg.

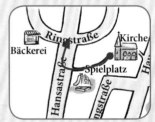

5 Fragen am Schalter:
Wissen Sie, …
1. in Nürnberg / umsteigen / müssen
2. der Zug aus Berlin / pünktlich / sein

5 Fragen Sie einen Freund:
Weißt du, …
1. das Navi / auch Baustellen / finden
2. das Navi / die Daten / weitergeben

6 Was gibt es in einer Stadt? Nennen Sie die Wörter mit Artikel.
RHAATUS – SPLATZSEIPL – KECHRI

6 Was gibt es in einer Stadt? Nennen Sie die Wörter mit Artikel:
BOHFNAH – TAERETH – KRMAT

7 Lena fährt mit dem Fahrrad zur Arbeit. Nennen Sie drei Vorteile.

7 Lena fährt mit dem Fahrrad zur Arbeit. Nennen Sie drei Nachteile.

8 Welcher Gegenstand ist für Sie wichtig?
Wählen Sie. Warum?
Nennen Sie drei Gründe.

8 Welcher Gegenstand ist für Sie wichtig?
Wählen Sie. Warum?
Nennen Sie drei Gründe.

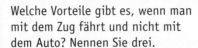

Ziel

Wie heißen diese Tiere?
Nennen Sie auch Artikel
und Plural.

19

Wie heißen diese Tiere?
Nennen Sie auch Artikel
und Plural.

Was denken Sie über Haustiere?
1. Ich finde gut/schlecht, dass ...
2. Ich denke, dass ...

18

Was denken Sie über Sport?
1. Ich finde gut/schlecht, dass ...
2. Ich denke, dass ...

Wenn oder *als*? Ergänzen Sie.
Melly hat auch das Schloss besucht, ... sie in
Heidelberg war.
Immer ... Melly in der Schweiz war, hat sie
Schokolade gekauft.

17

Wenn oder *als*? Ergänzen Sie.
Evita hat viele deutsche Filme angesehen, ...
sie in Köln studiert hat.
Evita hatte immer Angst, ... sie im Kino Thriller
gesehen hat.

Formulieren Sie zwei höfliche Bitten:
1. schließen / im Bad / das Fenster
2. mitbringen / mir / die Zeitung

16

Formulieren Sie zwei höfliche Bitten:
1. am Sonntag / die Blumen / gießen
2. mir / ein Fahrrad / leihen

Ihre Nachbarn (zwei Studenten) waren in der
Nacht sehr laut. Sie beschweren sich.

15

Sie haben mit Freunden gefeiert, es war sehr
laut. Entschuldigen Sie sich bei den Nachbarn.

Sie wohnen in einem Hochhaus mitten in der
Stadt. Was sind Vor- und Nachteile? (3 Aussagen)

14

Sie wohnen in einem kleinen Haus in einem
Dorf. Was sind Vor- und Nachteile? (3 Aussagen)

Sie haben eine Stadt besucht und sind sehr
enttäuscht. Bilden Sie drei Sätze.

13

Sie haben eine Stadt besucht und sind
begeistert. Bilden Sie drei Sätze.

Stellen Sie zwei Fragen:
1. mir / erklären / den Weg / Sie / können
2. einen guten Film / empfehlen / uns / du /
   können

12

Stellen Sie zwei Fragen:
1. ihr / eine DVD / mitbringen / mir
2. mir / schicken / Sie / eine E-Mail / können

Sie wollen am Wochenende an einen See fahren
und schwimmen. Verabreden Sie sich mit Ihrem
Partner / Ihrer Partnerin.

11

Sie wollen am Wochenende in ein Konzert
gehen. Verabreden Sie sich mit Ihrem Partner /
Ihrer Partnerin.

Ergänzen Sie den Satz einmal mit *deshalb* und
einmal mit *trotzdem*.
Das Wetter war sehr schön, ...

10

Ergänzen Sie den Satz einmal mit *deshalb* und
einmal mit *trotzdem*.
Ich habe heute Nacht nur drei Stunden
geschlafen, ...

Ihre Lieblingsmannschaft hat gewonnen.
Was sagen Sie? (3 Aussagen)

9

Ihre Lieblingsmannschaft hat verloren.
Was sagen Sie? (3 Aussagen)

Poesie

2

a Wohnen. Lesen Sie die Gedichte. Wählen Sie jeweils ein Foto, das besonders gut zu dem Gedicht passt. Begründen Sie.

Wie wohnen die Kinder der Erde?

Manches Kind wohnt auf dem Lande,
manches wohnt im zehnten Stock,
manches Kind wohnt nah beim Strande,
manches wohnt im Neubaublock.

Manches wohnt in einem Walde,
manches wohnt am Wüstenrand,
manches bei der Abfallhalde,
manches vor der Bergeswand.

Manches wohnt in einer Kammer,
manches wohnt in einem Schloss,
manches wohnt in Not und Jammer,
manches froh und sorgenlos.

Aber kommst Du mich nun fragen,
wo die beste Wohnung ist,
kann ich's mit vier Worten sagen:
Wo Du glücklich bist!

James Krüss

In jedes Haus, wo Liebe wohnt

In jedes Haus, wo Liebe wohnt,
da scheint hinein auch Sonn' und Mond,
und ist es noch so ärmlich klein,
es kommt der Frühling doch herein.

August Heinrich Hoffmann von Fallersleben

b Lesen Sie die Gedichte noch einmal genauer und klären Sie unbekannte Wörter. Arbeiten Sie auch mit dem Wörterbuch.

c Welches Gedicht gefällt Ihnen besser? Warum? Tragen Sie das Gedicht vor.

3 **a** Konkrete Poesie. Lesen und hören Sie das Gedicht von Ernst Jandl. Wie heißen die Tiere wirklich? Benutzen Sie ein Wörterbuch und notieren Sie den Singular. Welche Geräusche machen die Tiere? Schreiben Sie die Wörter neben die Bilder.

2.37

Ernst Jandl

auf dem land

rininininininininDER — das Rind
brüllüllüllüllüllüllüllEN — brüllen

schweineineineineineineinE — das Schwein
grunununununununununZEN — (vb) grunzen

hununununununununDE — das Hunde
bellellellellellellellEN — bellen (vb)

katatatatatatatZEN — Katzen
miauiauiauiauiauiauiauiauEN — (vb) Miauen

katatatatatatatER — Kater
schnurrurrurrurrurrurrurrurrEN — (vb) schnurren

gänänänänänänänSE — die Gänse
schnattattattattattattattattERN — (vb) schnattern

ziegiegiegiegiegiegiegEN — die Ziegen
meckeckeckeckeckeckeckeckERN — (vb) meckern

bienienienienienienienEN — die Bienen
summummummummummummummEN — summen (vb)

grillillillillillillillillEN — die Grillen (vb)
zirirririririririrPEN — zirpen (vb)

fröschöschöschöschöschöschöschE — die Frösche
quakakakakakakakakakEN — (vb) quaken

hummummummummummummummELN — die Hummeln (vb)
brummummummummummummummEN — brummen (vb)

vögögögögögögögEL — der Vögel
zwitschitschitschitschitschitschitschERN — zwitschern (vb)

b Schreiben Sie zu zweit ein ähnliches Gedicht wie Ernst Jandl mit dem Titel „In der Stadt".

4

a Recherchieren Sie Informationen zu James Krüss, August Heinrich Hoffmann von Fallersleben oder Ernst Jandl und stellen Sie den Autor im Kurs vor.

b Kennen Sie andere deutschsprachige Autoren? Erzählen Sie.

Lernziele

über Musikstile sprechen
Konzertkarten kaufen
einen Musiker / eine Band vorstellen
Zeitungsmeldungen verstehen
genauere Informationen zu Personen
  geben
Informationen über Malerei verstehen
eine Bildbeschreibung verstehen
ein Bild beschreiben

Grammatik

Interrogativartikel *Was für ein(e) ...?*
Pronomen *man/jemand/niemand* und
  alles/etwas/nichts
Relativsätze im Nominativ

Gute Unterhaltung!

A Das meistverkaufte Buch

„Das Parfum" ist 1985 erschienen
und war 316 Wochen in den Best-
sellerlisten. Aber über den Autor
Patrick Süskind weiß man bis heute
fast nichts, es gibt keine Interviews
und kaum Fotos. Rund 12 Millionen
Zuschauer weltweit haben 2006 die
Verfilmung im Kino gesehen.

B Ein Schloss wie sein König

Über den bayrischen König Ludwig II. gibt es viele Geschichten.
Man sagt, dass er in seinen Träumen und nicht in der Realität gelebt hat. Dazu passt auch das Schloss Neuschwanstein, für viele das
bekannteste Gebäude in Deutschland.
König Ludwig II. hat in seinem Schloss, gebaut ab 1869 in der Nähe
von Füssen (Bayern), nur 172 Tage gelebt. Jährlich besuchen über
eine Million Touristen das Märchenschloss.

1

a Kultur mit Superlativen. Sehen Sie die Fotos an und lesen Sie die Überschriften zu den
Texten. Was passt zusammen?

Foto	1	2	3	4	5
Text					

b Lesen Sie die Texte. Arbeiten Sie in Gruppen
und formulieren Sie zu jedem Text eine Frage.

*Wie lange dauert die Oper
„Der Ring des Nibelungen"?*

C Viel Geld für einen Film

„Der Schuh des Manitu" von Bully Herbig ist zwar am erfolgreichsten, aber der teuerste deutsche Film ist „Cloud Atlas" von Tom Tykwer mit einem Budget von 100 Millionen Euro. Die Geschichte spielt von 1820 bis 2500 und der Hauptdarsteller Tom Hanks spielt sechs verschiedene Rollen.

D Viele Stunden in der Oper

Die Oper „Der Ring des Nibelungen" von Richard Wagner ist die längste Oper. Wagner hat an seinem Haupt-werk von 1848 bis 1874 gearbeitet. Die Oper dauert 16 Stunden und ist auf vier Tage verteilt. Im Orchester sind über 100 Musiker. Außerdem gibt es 34 Solisten plus einen Männer- und einen Frauenchor mit vielen Sängern.

E Riesenerfolg mit seiner Musik

Herbert Grönemeyer gehört zu den populärsten Musikern in Deutsch-land. Sein Album „Mensch" hat sich 3,7 Millionen Mal verkauft und ist damit das erfolgreichste Album in der deutschen Musikgeschichte. Grönemeyer hat zahlreiche Preise gewonnen und ist auch für seine Konzerte berühmt.

C Geben Sie Ihre Fragen einer anderen Gruppe. Diese Gruppe schreibt die passenden Antworten. Sie kontrollieren. Welche Gruppe hat alle Fragen richtig beantwortet?

2.38–42

d Hören Sie die Gesprächsausschnitte. Worüber sprechen die Leute? Was sagen sie? Notieren Sie.

1. *Schloss Neuschwanstein:*
   interessante Führung, zu voll
2. *...*

2

Wortschatz
AB

10.20

Was gefällt Ihnen besonders gut? Erzählen Sie kurz über einen Film, ein Buch, ein Konzert, ein Gebäude, ...

Was? Wo? Wie? Warum?

Ich war letztes Jahr in Wien und da habe ich das Schloss Schönbrunn besucht. Es ist ...

Welche Karten nehmen wir?

3
2.43

a **Musikstile. Hören Sie das Gespräch und notieren Sie die Reihenfolge.**

4 Pop

5 Trip-Hop

2 Jazz

1 Rock

3 Klassik

b **Und Ihre Musik? Fragen Sie drei Personen im Kurs.**

Was für Musik hören Sie gern unterwegs?
Was für Musik haben Sie auf Ihrem Computer?
Zu was für Konzerten gehen Sie / möchten Sie gehen?

Was für ein(e)?	**Welcher/-es/-e?**
Frage nach Neuem:	Frage nach Bekanntem:
◆ Auf **was für ein** Konzert gehst du?	◆ Auf **welches** Konzert gehst du?
◆ Auf **ein** Rockkonzert.	◆ Auf **das** von Rammstein.

4
Wortschatz
AB
2.44

a **Der Ticketkauf. Hören Sie das Gespräch. Was ist richtig? Kreuzen Sie an.**

1. Zu welchem Konzert möchte Anna-Lena gehen?
   a Annett Louisan   b Tim Bendzko   c 2raumwohnung

2. Was für Karten möchte sie kaufen?
   a Sitzplätze vorne   b Sitzplätze hinten   c Stehplätze

3. Wie viel bezahlt Anna-Lena für eine Karte?
   a 72 Euro   b 44 Euro   c 36 Euro

4. Wie bezahlt sie die Karten?
   a bar   b per Überweisung   c mit Kreditkarte

b **Arbeiten Sie zu zweit. Schreiben Sie Kaufgespräche wie in 4a. Setzen Sie sich mit Ihrem Partner / Ihrer Partnerin Rücken an Rücken. Spielen Sie dann Ihr Telefongespräch.**

Stehplätze 32,– €

Sitzplätze 39,– €

Sitzplätze 45,– €

Käufer
Ich hätte gerne Karten für ... / Gibt es noch Karten für ...? / Ich möchte gerne Karten für ... kaufen.
Was für Karten gibt es?
Wie viel kosten die Karten?
Ich nehme bitte ...
Entschuldigung, können Sie den Preis bitte wiederholen?

Verkäufer
Entschuldigung, das habe ich jetzt nicht verstanden. Für welches Konzert bitte?
Ja, da gibt es noch Karten.
Es gibt noch Sitzplätze und Stehplätze.
Die Sitzplätze kosten ... oder ...
Wie möchten Sie bezahlen? / Zahlen Sie bar, mit Kreditkarte oder per Überweisung?

Das Konzert

5

a Sehen Sie die Bilder an. Was ist hier los? Sprechen Sie über die Situationen. *Konzert*

b Welches Bild passt zu welchen Aussagen? Ordnen Sie zu.

A Jemand hat die Flasche kaputt gemacht. _4_ • B Flaschen, Schirme usw. –
Die Leute müssen alles am Eingang abgeben. _1_ • C Niemand will am Eingang warten. _2_ •
D Der Kontrolleur sucht etwas in Anna-Lenas Rucksack. _1 or 2_ •
E Hier und da tanzt jemand. _3_ • F Niemand langweilt sich. _3_ •
G Da kann man nichts machen, die Flasche und das Buch sind kaputt. _4_

und so weiter

c Markieren Sie in 5b die Pronomen *jemand, niemand* und *alles, etwas, nichts*.
Lesen Sie dann die Regel und kreuzen Sie an.

inanimate objects

⦿ 2.45

Die Pronomen *Dinge*

man, jemand und *niemand* stehen für	☐ Sachen.	☒ Personen.
Alles, etwas/was, nichts stehen für	☒ Sachen.	☐ Personen.
Diese Pronomen stehen immer im	☒ Singular.	☐ Plural.

Gut gesagt: (et)was ❝❝
Hast du was? = Geht es dir
nicht gut?
Ist was? = Hast du ein Prob-
lem? / Ärgert dich etwas?
Ich muss dir mal was sagen. =
Ich muss dir etwas / eine
wichtige Sache sagen.

Endungen bei *niemand/jemand* ❗
*Ich habe niemand(en) gesehen. / Ich habe die Karten
jemand(em) gegeben.* Mit oder ohne Endung: Beides ist richtig.

d Arbeiten Sie zu zweit. Schreiben Sie passende Sprechblasen zu den Zeichnungen in 5a.

6

Was passt zusammen? Bilden Sie Sätze.

think about Dinge/Sachen oder Personen — which goes with which

1. Kann mir bitte …
2. Da ist kein Mensch. Ich habe …
3. Ich sage jetzt …
4. Wir können jetzt fahren, wir haben …
5. Kann …
6. Hast du …

- alles
- etwas
- jemand
- man
- nichts
- niemand

- … helfen?
- … gesehen.
- … mehr.
- … gesehen.
- … hier Tickets kaufen?
- … im Rucksack gefunden?

*1. Kann mir bitte
jemand helfen?*

7

Welche (deutschsprachige) Musik hören Sie gern? Bringen Sie Ihre Lieblingsmusik mit und
stellen Sie den Musiker / die Band kurz vor. Sie können auch Informationen zu Tim Bendzko,
Annett Louisan oder 2raumwohnung recherchieren.

Promi-Geschichten

8 **a** Arbeiten Sie zu viert. Jeder wählt einen Text und markiert die wichtigsten Informationen.

LEUTE

A Radiosprecher verschläft Nachrichten

Die ganze Nacht hat der bekannte Radiosprecher Peter Veit am Bett von seiner zweijährigen Tochter verbracht. Sehr müde ist Veit am nächsten Morgen zur Arbeit gekommen und hat dann im Studio auf seinen Einsatz gewartet. Und die Hörer haben nach der An-

sage wie immer auf die Nachrichten gewartet. Aber plötzlich war im Radio zwei Minuten lang Stille. Der Nachrichtensprecher ist eingeschlafen und hat die Nachrichten verpasst!

B Moderatorin mag das Fernsehen nicht

Die Moderatorin Barbara Schöneberger verdient ihr Geld im Fernsehen. Privat interessiert sie sich aber nicht besonders für das Medium, weil sie das Programm zu schlecht findet. Zu Hause auf dem Sofa sitzen und fernsehen – das ist für sie kein schöner Abend. Sie lädt lieber Freunde ein oder geht in ein tolles Berliner Restaurant. Das macht ihr mehr Spaß!

C Panne bei TV-Show

Bei einer Live-Show geht nicht immer alles glatt. Das musste auch die Komikerin Monika Gruber feststellen. Gruber hat extra für die große Show ein neues Stück geschrieben. Weil sie keine Zeit zum Üben hatte, wollte sie Stichworte vom Teleprompter ablesen. Aber der war plötzlich kaputt. Gruber musste vor 11 Millionen Fernseh-Zuschauern ihre peinliche Situation erklären. Nach ein paar langen Minuten ist das Gerät dann wieder gelaufen und Gruber konnte ihre Witze präsentieren. Und das war wie immer lustig.

D Hochzeitstag geht vor

Der Filmregisseur Sönke Wortmann hatte Karten für das Champions-League-Endspiel und ist nicht hingefahren. Eine schwierige Entscheidung für den großen Fußballfan. Am selben Tag war der zehnte Hochzeitstag für ihn und seine Frau und das war dann doch wichtiger. Die Tickets hat er einem guten Freund geschenkt. Wortmann und seine Frau sind in das Dorf gefahren, in dem sie vor zehn Jahren geheiratet haben, und haben dort schön gefeiert.

b Was ist passiert? Informieren Sie die anderen in der Gruppe über Ihren Text.

c Was passt zusammen? Verbinden Sie.

Hauptsatz	Relativsatz
1. Peter Veit ist der Radiosprecher,	A die in einer Show ihren Text nicht konnte.
2. Barbara Schöneberger ist die Moderatorin,	B der Fußball liebt.
3. Monika Gruber ist die Komikerin,	C die für viele Leute interessant sind.
4. Sönke Wortmann ist der Regisseur,	D der in der Sendung eingeschlafen ist.
5. In Zeitungen gibt es immer Geschichten über Prominente,	E die nicht gern fernsieht.

9

a Relativsätze. Ergänzen Sie.

1. Sönke Wortmann ist ein Regisseur. Er hat viele bekannte Filme gemacht. Sönke Wortmann ist ein Regisseur, _der_ viele bekannte Filme gedreht hat.

2. Monika Gruber hat ein neues Stück. Es ist sehr lustig. Monika Gruber hat ein neues Stück, _____ sehr lustig ist.

3. Barbara Schöneberger ist eine Moderatorin. Sie arbeitet für das Fernsehen. Barbara Schöneberger ist eine Moderatorin, _____ für das Fernsehen _____ .

4. Schöneberger und Gruber sind bekannte Personen. Sie arbeiten schon lange in ihrem Beruf. Sie sind bekannte Personen, _____ .

> **Relativsätze im Nominativ**
>
> Peter Veit ist ein Radiosprecher.
> **Der** Radiosprecher ist in der Sendung eingeschlafen.
>
> Peter Veit ist ein Radiosprecher, **der** in der Sendung eingeschlafen **ist**.
>
> Formen Relativpronomen im Nominativ = Formen bestimmter Artikel im Nominativ.

b Schreiben Sie Relativsätze zu drei Personen aus dem Kurs und lesen Sie sie vor. Die Personen sagen, ob das richtig ist oder nicht.

Guan ist der Student, der englische Musik liebt.

Stimmt!

c Was passt? Ordnen Sie die Relativsätze zu.

1. Das Finale, …
2. Die Moderatorin, …
3. Das Kind, …
4. Die Techniker, …
5. Der Regisseur, …

> die das Gerät repariert haben, •
> der auch Fußballfilme dreht, •
> das am Samstag stattgefunden hat, •
> die schon lange in Berlin lebt, •
> das sehr krank war,

… war seit Wochen ausverkauft.
… geht gern in Restaurants.
… konnte nicht schlafen.
… waren sofort da.
… lebt in Düsseldorf.

Das Finale, das am Samstag …

> **Eingeschobene Relativsätze**
>
> Der Radiosprecher, **der eingeschlafen ist**, ist bekannt.

10

a Das Prominenten-Quiz. Arbeiten Sie zu zweit. Notieren Sie fünf Quiz-Fragen.

Wie heißt die Sängerin, die …?
Wer ist der Schauspieler, der …?
Wie heißt der Sportler, der …?

> das Lied … singen • … gewonnen haben • die Hauptrolle in …
> spielen • … moderieren • in … leben • mit … verheiratet sein • …

b Stellen Sie Ihre Fragen, die anderen raten. Für jede richtige Antwort gibt es einen Punkt. Das Team mit den meisten Punkten gewinnt.

10.21

11

a Rückfragen. Hören Sie und lesen Sie mit.

2.46

Wer ist das da drüben? — Das ist Thomas Müller.
Wer ist das? — Thomas Müller. Er wohnt in meiner Straße.
Wo wohnt er? — In meiner Straße. Warum bist du so aufgeregt?
Warum ich aufgeregt bin? Na, der ist doch berühmt!

> Bei Rückfragen mit einem W-Wort wird das W-Wort stark betont.

b Schreiben Sie zu zweit einen ähnlichen Dialog und spielen Sie ihn vor.

Malerei gestern und heute

12 a Welche interessante Ausstellung oder welches Museum haben Sie schon besucht? Erzählen Sie.

b Hören Sie den Audioguide zu einer Ausstellung über Tierbilder. Sie hören die Einführung.
(2.47) Was ist richtig? Ordnen Sie zu.

1. Maler haben
2. Vor dem 19. Jahrhundert haben die Maler
3. Im 19. Jahrhundert
4. Im 20. Jahrhundert beginnt
5. Im 21. Jahrhundert gibt es viele Bilder

A die moderne Tiermalerei. Die Bilder sind kreativ und oft bunt.
B schon immer Interesse an Tieren gehabt.
C von Tieren, die ähnliche Dinge tun wie Menschen (z. B. fernsehen, tauchen, ...).
D wollten viele Menschen Tierbilder kaufen, weil sie noch keine Fotos machen konnten.
E Tiere nicht direkt abgemalt, sondern aus der Erinnerung gemalt.

Wildschweine
Franz Marc, 1913

Tauchende Kuh
M. Loomit Köhler, 2011

Feldhase
Albrecht Dürer, 1502

c Welches Bild gefällt Ihnen am besten? Welches gefällt Ihnen nicht? Warum?

bunt • lustig • natürlich aussehen • exakt/realistisch/abstrakt/originell/... gemalt •
schöne Farben • tolle/verrückte Idee • gut gemacht • kreativ • dumm • komisch • langweilig • ...

13 a Bildbeschreibung. Arbeiten Sie zu zweit. A liest den Text laut, B deutet auf die passende Stelle im Bild in Aufgabe 12b.

Auf dem Bild mit dem Titel „Wildschweine" von Franz Marc sieht man zwei Wildschweine. Die Tiere sind in der Mitte und liegen – vielleicht schlafen sie. Die Köpfe sind rechts, einer ist oben rechts in der Ecke, die Füße sind unten in der Mitte. Unten auf dem Bild sind Blätter und Blumen. Die Tiere haben interessante Farben. Ein Wildschwein ist blau, das andere rot mit blauen Ohren. Das blaue Schwein liegt in der Mitte, das andere dahinter. Im Vordergrund ist eine gelbe Blume. Die Farben auf dem Bild sind dunkel und intensiv.

b Welches Bild möchten Sie beschreiben? Suchen Sie zu zweit ein Bild im Internet oder wählen Sie eines aus Aufgabe 12. Beschreiben Sie beide das gleiche Bild schriftlich. Die folgende Abbildung hilft.

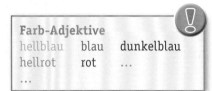

> **Farb-Adjektive**
> hellblau   blau   dunkelblau
> hellrot   rot   …
> …

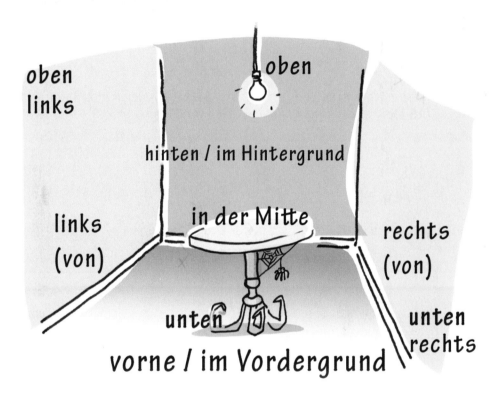

> **Ein Bild beschreiben**
> – Sagen Sie, von wem das Bild ist und was es zeigt.
> – Erklären Sie das Bild: Was ist wo? *In der Mitte ist … Im Vordergrund … Im Hintergrund … Oben/Unten/Rechts/Links … In der Ecke …*
> – Welche Farben sehen Sie?
> – Was gefällt Ihnen besonders gut / nicht gut? Was fällt Ihnen auf?

Das Bild „Die tauchende Kuh" ist ein Graffito von … In der Mitte sieht man …

c Vergleichen Sie Ihre beiden Beschreibungen. Was ist besonders gut? Was fehlt? Formulieren Sie dann gemeinsam eine „perfekte" Bildbeschreibung.

Der Film

14 a Hinter der Kulisse. Sehen Sie die Fotos in Aufgabe 14b an. Wie ist Iris verkleidet? In welchem Film spielt sie vielleicht eine Rolle? Vermuten Sie.

b Was antwortet Bea? Vermuten Sie und spielen Sie die Situation zu zweit.

Und, wie sehe ich aus?

...

c Sehen Sie nun Szene 20. Vergleichen Sie mit Ihrem Dialog.

10.20

d Sehen Sie die Szene noch einmal. Was erzählt die Maskenbildnerin über ihren Beruf? Finden Sie Antworten auf die Fragen. Vergleichen Sie dann mit Ihrem Partner / Ihrer Partnerin.

10.20

Für wen arbeitet sie?   *Macht ihr die Arbeit Spaß? Warum (nicht)?*

15 a Kamera läuft! Sehen Sie Szene 21. Warum ist Ella nervös? Warum lacht sie am Schluss?

10.21

b Sehen Sie Szene 21 noch einmal. Was steht wo? Orden Sie zu.

Drehbuch		Drehplan
	1. Drehtag ─────────────────▶	
	2. Regieanweisungen (Informationen, was die Schauspieler machen sollen)	
	3. Uhrzeit (wann alle am Set sein müssen)	
	4. Drehorte (Locations)	
	5. Texte für Schauspieler	
	6. welche Schauspieler	
	7. Requisiten	

c Ein Film von Ihnen. Arbeiten Sie in Kleingruppen. Lesen Sie die Situationen und wählen Sie gemeinsam eine Situation aus. Schreiben Sie dann Dialoge und Informationen für die Schauspieler. Finden Sie auch ein Ende für die Geschichte. Drehen Sie dann (mit einem Handy) Ihren Kurzfilm.

Die Feier im Sprachkurs
Letzte Woche war das Sommerfest im Sprachkurs. Wir haben gut gegessen und getrunken und wir haben ein kleines Theaterstück vorgespielt. Alles war sehr lustig. Aber dann ...

Im Supermarkt
Sie kaufen ein und haben einen vollen Einkaufswagen. Sie holen noch schnell etwas, da ist Ihr Einkaufswagen nicht mehr da ...

An der Haltestelle
Sie sind spät dran, der Bus kommt gerade, Sie laufen so schnell Sie können. Jemand sieht Sie und will helfen, er stellt sich in die Bustür, aber ...

Kurz und klar

Karten für eine Veranstaltung kaufen

Käufer

Ich hätte gerne Karten für ... / Gibt es noch Karten
für ... ? / Ich möchte gerne Karten für ... kaufen.
Was für Karten gibt es?
Wie viel kosten die Karten?
Ich nehme bitte ...

Verkäufer

Für welches Konzert bitte?
Ja, da gibt es noch Karten.
Es gibt noch Sitzplätze und Stehplätze.
Die Sitzplätze kosten ... oder ...
Wie möchten Sie bezahlen? / Zahlen Sie bar,
mit Kreditkarte oder per Überweisung?

nachfragen

Entschuldigung, können Sie den Preis bitte
wiederholen?
Entschuldigung, das habe ich jetzt nicht verstanden.

genauere Informationen geben

Sönke Wortmann ist ein Regisseur, der Fußball liebt.
Die Komikerin, die in einer Show ihren Text nicht
konnte, heißt Monika Gruber.

ein Bild beschreiben

Auf dem Bild mit dem Titel ... von ... sieht man ... • Unten (links/rechts) / Oben (links/rechts) /
Im Vordergrund / Im Hintergrund / In der Mitte / In der Ecke ... sieht/erkennt man / ist/sind ... •
... ist blau/rot/.../hell/dunkel/groß/klein/...

Grammatik

Interrogativartikel *Was für ein(e) ...?* und *Welche(r) ...?*

Was für ein(e) ...?
Frage nach Neuem:
◆ Auf **was für ein** Konzert gehst du?
◆ Auf **ein** Rockkonzert.

Welcher/-es/-e ...?
Frage nach Bekanntem:
◆ Auf **welches** Konzert gehst du?
◆ Auf **das** von Rammstein.

Pronomen *man, jemand, niemand* und *alles, etwas, nichts*

Man, *jemand* und *niemand* stehen für Personen.
Hier ist niemand. Jemand tanzt. Man kann mit Kreditkarte bezahlen.
Alles, *etwas*, *nichts* steht für Sachen.
Haben wir alles? Siehst du etwas? Hier ist nichts.
Diese Pronomen stehen immer im Singular.

Endungen bei *niemand* und *jemand*

Ich habe niemand(en) gesehen. /
Ich habe die Karten jemand(em)
gegeben.
Mit oder ohne Endung: Beides ist
richtig.

Relativsätze im Nominativ

Peter Veit ist ein Radiosprecher. **Der** Radiosprecher ist in der Sendung eingeschlafen.

Peter Veit ist ein Radiosprecher, **der** in der Sendung eingeschlafen **ist**.

Der Radiosprecher ist bekannt. Der Radiosprecher ist in der Sendung eingeschlafen.

Der Radiosprecher, **der** in der Sendung eingeschlafen **ist**, ist bekannt.

Relativpronomen im Nominativ

maskulin	Das ist der Mann,	**der** Fußball liebt.
neutrum	Das ist das Kind,	**das** krank war.
feminin	Das ist die Frau,	**die** beim Fernsehen arbeitet.
Plural	Das sind die Leute,	**die** sehr bekannt sind.

Formen Relativpronomen im Nominativ =
Formen bestimmter Artikel im Nominativ.

Lernziele

über Wünsche sprechen
Wünsche äußern
Ratschläge geben
ein Gespräch verstehen
gemeinsam etwas planen
andere etwas fragen
einen Text verstehen
Informationen austauschen
über Sprichwörter sprechen
eine Geschichte schreiben

Grammatik
Konjunktiv II (Wünsche,
  Ratschläge)
Verben mit Präposition
W-Fragen mit Präposition:
  Auf wen? Worauf? ...

30 Jahre

22 Jahre

Wie die Zeit vergeht!

16 Jahre

1 Jahr

10 Jahre

1

Wortschatz
AB

a Sehen Sie die Zeichnungen an. Beschreiben Sie das Leben von Rudi Wagner.

zur Arbeit gehen • mit Freunden zusammen sein • viel Freizeit haben •
mit Freunden tanzen gehen • die Welt kennenlernen • sich beruflich engagieren •
das Leben genießen • eine Familie gründen • ein Haus bauen • ...

Mit einem Jahr hat Rudi Wagner meistens gespielt oder geschlafen. Als er zehn war, ist er ...

35 Jahre

69 Jahre

47 Jahre

b Rudi erzählt seiner Enkelin über sein Leben. Was hat er wann <u>gern</u> gemacht? Notieren Sie jeweils ein Stichwort und vergleichen Sie im Kurs.

2.48
Wortschatz
AB

Mit 10 Jahren: _____   Mit 35 Jahren: _____

Mit 16 Jahren: _____   Mit 47 Jahren: _____

Mit 22 Jahren: _____   Mit 69 Jahren: _____

Mit 30 Jahren: _____   Jetzt: _____

2 **a** Welche Aktivitäten sind Ihrer Meinung nach typisch für diese Phasen? Notieren Sie.

Schulzeit	Ausbildung/ Studium	im Beruf, ohne Familie	als Vater/Mutter	als Rentner/ Rentnerin
Hausaufgaben machen	*in der Bibliothek lernen*			
Zeit mit Freunden verbringen				

b Vergleichen Sie zu viert. Sind Ihre Ergebnisse ähnlich oder ganz anders? Sprechen Sie über Ihre Lebensphasen.

c Womit verbringen Sie die meiste Zeit: unter der Woche und am Wochenende? Machen Sie Notizen und sprechen Sie dann zu zweit.

Von Montag bis Freitag arbeite ich jeden Tag circa 9 Stunden. Am Abend bin ich meistens zu Hause.

Ich hätte gern mehr Zeit!

3

🔘 2.49

a **Hören Sie. Was machen die Personen beruflich? Warum haben sie so wenig Zeit? Notieren Sie.**

Sonja Müller

Oliver Holzmann

Saskia Lorenz

Berufliche Aktivitäten?

Berufliche Aktivitäten?

Berufliche Aktivitäten?

_____

_____

_____

Warum wenig Zeit? _arbeitet_

oft nachts / am Wochenende,

3 Kinder

Warum wenig Zeit? _____

_____

_____

Warum wenig Zeit? _____

_____

_____

🔘 2.49

b **Würde – wäre – hätte. Hören Sie noch einmal. Wer hat diesen Wunsch?**

Sonja Müller würde gern …

> ❗ In **Wünschen mit Konjunktiv II** verwendet man „gern".
> *Ich hätte gern mehr Zeit.*

1. … wäre gern mehr mit der Familie zusammen.
2. … würde gern öfter Freunde treffen.
3. … würde gern mal wieder ins Kino gehen.
4. … würde gern mehr lesen.
5. … hätte gern einen Hund.
6. … würde gern mehr Sport machen.

4

a **Was wünschen sich die Leute? Arbeiten Sie zu zweit. Jeder liest eine Statistik. Stellen Sie sich gegenseitig Fragen und ergänzen Sie Ihre Statistik.**

Wie viel Prozent würden gern mehr mit Familie und Freunden unternehmen?

Konjunktiv II: Formen

	haben	sein	andere Verben
ich	**hätte**	**wäre**	**würde** lesen
er/es/sie	**hätte**	**wäre**	**würde** schlafen
sie	**hätten**	**wären**	**würden** besuchen

A   Mehr Zeit – und dann?

Wünsche von Deutschen (Alter: 18–65 Jahre):

mehr mit Familie/Freunden unternehmen	_____
mehr Zeit für Hobbys haben	72 %
mehr Sport machen	_____
mehr schlafen	39 %
mehr in der Natur sein	_____
mehr reisen	57 %

B   Mehr Zeit – und dann?

Wünsche von Deutschen (Alter: 18–65 Jahre):

mehr mit Familie/Freunden unternehmen	80 %
mehr Zeit für Hobbys haben	_____
mehr Sport machen	52 %
mehr schlafen	_____
mehr in der Natur sein	20 %
mehr reisen	_____

11.22

b **Und Sie? Notieren Sie drei Wünsche mit Konjunktiv II auf einem Zettel. Der Lehrer / Die Lehrerin sammelt alle Zettel ein, mischt sie und teilt sie wieder aus. Gehen Sie durch den Kursraum. Suchen Sie die Person, die Ihren Zettel geschrieben hat.**

Ich würde gern tanzen gehen.

Würdest du gern öfter tanzen gehen?

c **Wie bildet man den Konjunktiv II? Vergleichen Sie mit Ihrer Sprache.**

Deutsch	Ihre Sprache
Ich **würde** gern weniger **arbeiten**.	
Tom **hätte** gern mehr Zeit!	
Wir **wären** jetzt gern im Urlaub!	

So ein Stress!

5

a **Lesen Sie den Forumsbeitrag. Wer oder was macht Tobias Probleme? Notieren Sie jeweils ein Stichwort rechts neben dem Text.**

Tobias2020 Ich habe überhaupt keine Zeit. Das geht schon morgens los. Mein Büro ist gar nicht so weit weg, aber jeden Morgen stehe ich mit meinem Auto im Stau. Im Büro geht es dann weiter. Meine Kollegin erzählt und erzählt und ich kann nicht richtig arbeiten. Eigentlich kann ich um fünf Uhr nach Hause gehen. Aber fast jeden Nachmittag um halb fünf kommt mein Chef mit einer „wichtigen" Aufgabe, die ich sofort erledigen muss. Also bin ich meistens bis sieben Uhr im Büro oder noch länger. Zu Hause will ich dann nur auf dem Sofa liegen und fernsehen, aber ständig klingelt das Telefon. Da kann ich mich auch nicht ausruhen. Und meine Freundin ist auch schon sauer, weil ich so wenig Zeit habe, und deshalb streiten wir oft.

Probleme

Stau

_____

_____

_____

_____

b **Ratschläge. Welcher Ratschlag passt zu welchem Problem? Schreiben Sie die Nummern 1 bis 4 zu den Problemen in 5a.**

1. Ich würde mit meinem Chef über die Situation sprechen.
2. Du könntest deiner Kollegin sagen, dass ihr in der Mittagspause reden könnt.
3. Du solltest am Abend das Telefon ausschalten, wenn du dich entspannen willst.
4. An deiner Stelle würde ich mit dem Fahrrad zur Arbeit fahren.

> **Konjunktiv II: Verwendung**
> höfliche Bitte: **Könntest** du mir helfen?
> Wunsch: Ich **wäre gern** zu Hause.
> Ratschlag: Ich **würde** mit meinem Chef **sprechen**.

c **Schreiben Sie weitere Ratschläge zu den Problemen von Tobias.**

Ich würde ...
Du könntest ...
An deiner Stelle würde ich ...
Du solltest ...

> mit der Freundin sprechen • nicht fernsehen •
> sich am Wochenende ausruhen • zu Fuß zur Arbeit gehen •
> am Abend spazieren gehen • Sport machen • ...

11.23

6

Und Sie? Arbeiten Sie zu fünft. Jeder schreibt ein Problem auf ein Papier. Die anderen schreiben jeweils einen Ratschlag dazu. Welcher Ratschlag gefällt Ihnen am besten?

1 Ich schlafe schlecht.

2 Ich schlafe schlecht. An deiner Stelle würde ich abends eine heiße Milch trinken.

Der Kajak-Ausflug

7

2.50

a **Hören Sie das Gespräch. Was planen die Personen? Wer macht was oder hat was gemacht? Kreuzen Sie an.**

	Thilo	Linda	Mereth
Tickets kaufen	☐	☐	☐
Kajaks reservieren	☐	☐	☐
Brot mitbringen	☐	☐	☐
einen Kuchen backen	☐	☐	☐
eine Kamera mitnehmen	☐	☐	☐

2.50

b **Was gehört zusammen? Hören Sie noch einmal und verbinden Sie die Satzteile. Kontrollieren Sie mit Ihrem Partner / Ihrer Partnerin.**

1. Thilo kümmert sich
2. Mereth erinnert sich
3. Mereth wartet nicht gern
4. Mereth spricht
5. Linda freut sich
6. Markus bereitet sich

A an den letzten Ausflug.
B auf den Ausflug.
C auf die Prüfung vor.
D auf Thilo.
E um die Tickets.
F mit Ben.

> ⚠ Viele **Verben** verwendet man **mit einer Präposition**. Lernen Sie die Verben immer mit Präposition, am besten mit einem Satz: *warten auf* + Akk.: *Ich warte auf dich.*

c **Notieren Sie die passende Präposition für die Verben aus 7b.**

sich erinnern _____, sich freuen _____, sich vorbereiten _____,

sich kümmern _____, warten _____, sprechen _____

> **Verben mit Präposition**
> Wir **freuen** uns **auf** den Ausflug.   (+ Akk.)
> Er **denkt an** uns.   (+ Akk.)
> Sie **spricht mit** ihrem Freund.   (+ Dat.)

d **Arbeiten Sie zu dritt. Schreiben Sie sechs Sätze mit den Verben aus 7c auf Zettel. Schneiden Sie die Sätze vor der Präposition in zwei Teile. Mischen Sie alle Satzhälften und geben Sie die Zettel einer anderen Gruppe. Bilden Sie Sätze.**

Ich warte vor dem Kino

auf meine Freunde.

8

a **Planen Sie zu zweit einen Ausflug / eine Party / ... Markieren Sie pro Kategorie zwei Ausdrücke, die Sie verwenden wollen. Schreiben Sie einen Dialog.**

einen Vorschlag machen / um etwas bitten

Wir könnten ...
Wollen wir ...?
Könntest du ...?
Denkst du an ...?
Würdest du bitte ...?

einen Gegenvorschlag machen / nachfragen

Wollen wir nicht lieber ...?
Was für einen/ein/eine ... gibt es?
Geht das bei dir?
Was hältst du davon? Wir ...
Einverstanden?

zustimmen

Klar, gern.
Ich finde, ... ist gut/prima.
Von mir aus gern.
Aber sicher.
Ja, das wäre super.
Da hast du recht.

ablehnen

Nein, das ist nicht so praktisch/gut/...
Ich habe keine Lust.
Nein, das schaffe ich nicht.
Ne, lieber nicht.

b **Spielen Sie Ihren Dialog im Kurs vor.**

9

Wortschatz AB

a Markus und Mereth chatten. Was ist mit Markus los?

Markus:	Hi, alles klar auf der Kajaktour?	Markus:	Worauf?
Mereth:	Alles bestens – wir machen gerade Pause! Wetter ein Traum, Stimmung toll, Essen lecker.	Mereth:	Nicht worauf – auf wen! Ich warte auf dich natürlich.
Markus:	Ich habe gerade mit Tom gesprochen. Und ich ärgere mich total!	Markus:	Du wartest auf mich? Ich freue mich!
		Mereth:	Worauf?
Mereth:	Worüber denn?	Markus:	Ich freue mich auf den Ausflug und auf …
Markus:	Über die Prüfung – verschoben!	Mereth:	Auf wen? Auf mich hoffentlich?
Mereth:	Oh nein! Aber macht nichts. Ich warte!	Markus:	Natürlich auf dich!
		Mereth:	… Na, dann komm schnell!

b Markieren Sie im Chat in 9a die Fragewörter. Kreuzen Sie dann im Kasten die Regeln an.

W-Fragen mit Präposition

Präposition mit Fragewort (z. B. *auf wen?*):
Frage nach ☐ Personen ☐ Dingen und Ereignissen
wo(r) + Präposition (z. B. *womit?*):
Frage nach ☐ Personen ☐ Dingen und Ereignissen
Wenn die Präposition mit Vokal beginnt, braucht man ein „r" (z.B. *worauf?*).

⊙ 2.51

**Gut gesagt:
Auf was? Worauf?**
Beim Sprechen sagt man oft auch *Auf was? / Mit was? / …* statt *Worauf?/Womit?/…*

c Ergänzen Sie die Fragen.

1. Markus ärgert sich über die Prüfung.   *Worüber* ärgert sich Markus?

2. Markus hat mit Tom gesprochen.   _____ hat er gesprochen?

3. Mereth wartet auf Markus.   _____ wartet Mereth?

4. Markus freut sich auf den Ausflug.   _____ freut er sich?

d Schreiben Sie fünf Fragen. Gehen Sie im Kursraum herum und stellen Sie jede Frage einer anderen Person.

> *Worüber sprechen Sie oft mit Ihrer besten Freundin?*
> *…*

sich erinnern an • sich freuen auf • sich kümmern um • denken an • sich ärgern über • sprechen über • sich interessieren für • sich vorbereiten auf

Worüber sprechen Sie oft mit Ihrer besten Freundin?   *Über Filme.*

10

⊙ 2.52

a Satzakzent. Hören Sie die Sätze. Welche Information ist dem Sprecher wichtig? Unterstreichen Sie.

1. Linda möchte mit ihren Freunden einen Ausflug machen.
2. Linda möchte mit ihren Freunden einen Ausflug machen.
3. Sie sind vier Stunden mit dem Kajak gefahren.
4. Sie sind vier Stunden mit dem Kajak gefahren.

Satzakzent
Wenn man eine Information wichtig findet, betont man sie im Satz.

b Probieren Sie es selbst. Sprechen Sie die Sätze zweimal mit anderen Betonungen.

1. Mereth schmeckt der Apfelkuchen von Linda besonders gut.
2. Milla hat keine Lust auf eine Kajaktour.
3. In den Ferien fahre ich zu meinen Freunden in Deutschland.

Zeitreisen

11 a Arbeiten Sie zu zweit. Jeder liest einen Text. Was könnte in den Lücken stehen? Füllen Sie die Lücken in Ihrem Text sinnvoll.

> **Wörter erschließen**
> Sie lesen einen Text und verstehen manche Wörter nicht?
> Vielleicht können Sie die Wörter über den Kontext erschließen. Versuchen Sie es.

A

Eine Zeitreise in die Vergangenheit

Ein Filmteam begleitet Familie Schmidt aus Köln auf ihrer Zeitreise in den Schwarzwald vor 100 Jahren. Eigentlich beginnt die Geschichte ein halbes Jahr früher. Herr Schmidt liest eine ▬▬▬▬▬ (1) in der Zeitung. Ein Fernsehsender sucht ▬▬▬▬ (2) für das spannende Projekt. Die Schmidts und 600 andere Familien bewerben sich. Und die Schmidts dürfen mitmachen. So beginnt das Abenteuer „Zeitreise". Auf dem Bauernhof, wo die Familie drei Monate lebt, sieht alles aus wie vor 100 Jahren. Es gibt keinen Strom und deshalb auch kein elektrisches ▬▬▬▬▬ (3) . Lesen muss die Familie bei Kerzenlicht. Auch fließendes Wasser haben sie nicht und so dauern auch Arbeiten wie Wäsche waschen oft sehr lange. Es ist kalt in dem Haus, weil es natürlich keine ▬▬▬▬ (4) gibt und richtig warme Kleidung haben sie auch nicht. Es ist Winter und Familie Schmidt ist oft krank. Sie kümmern sich um die Tiere und die Pflanzen. Auch ihr eigenes ▬▬▬▬▬ (5) backen sie. Arbeitstage mit 18 Stunden sind normal, trotzdem verdienen sie sehr wenig Geld. Auch im Ort laufen die Uhren anders. Die Schmidts dürfen im ▬▬▬▬▬ (6) einkaufen. Aber nur Dinge, die es schon vor 100 Jahren gegeben hat.

B

Unser Abenteuer ist zu Ende und wir sind wieder zu Hause in Köln. Es war toll, aber auch sehr anstrengend. Wir haben drei Monate auf einem Bauernhof wie vor 100 Jahren gelebt. Peter hat eine Anzeige in der ≋◆•❖▫☐❖✿▢◆ (1) gelesen und dann haben wir uns gleich beworben. Nicht nur wir, sondern auch noch 600 andere Familien. Aber der Fernsehsender hat uns ausgesucht ☺! Auf dem Hof hatten wir natürlich keinen Strom und deshalb auch kein elektrisches Licht. ●✿❍▼✖❍✪◆❖◇ (2) mussten wir immer mit Kerzenlicht. Wäsche waschen hat auch immer ewig lange gedauert, weil wir kein fließendes Wasser hatten. Wir haben sehr viel gearbeitet, jeden Tag 18 Stunden, aber ❏☐☒❐◆⌐☑❖◇ (3) haben wir nicht verdient. Wir mussten uns auch um die ❖❖◆☐✿❖◆❐▼● (4) und um die Pflanzen kümmern. Das war schwierig, wir wissen da eigentlich nicht genug. Auch sonst war das Leben hart. Es war kalt, denn wir hatten keine Heizung und keine richtig warme ☐•❖❍▼▼● (5). Wir waren oft krank. Auch das Kochen war viel komplizierter, aber unser Brot war sehr lecker. Selbst gebacken! Wir durften im Supermarkt keine Spaghetti und keinen Maracuja-Joghurt. Nein, nur Produkte, die man auch schon vor 100 Jahren kaufen konnte.

| Home | MyBlog | Fotoalbum | Impressum | Kontakt |

b Welche Informationen fehlen Ihnen? Fragen Sie Ihren Partner / Ihre Partnerin und vergleichen Sie. Haben Sie die Lücken richtig gefüllt?

> *Was hat Herr Schmidt gelesen?*

c Würden Sie an dem Projekt teilnehmen? Diskutieren Sie.

12 a In welche Zeit würden Sie gern eine Zeitreise machen? In die Vergangenheit oder in die Zukunft? Begründen Sie.

> *Ich würde 500 Jahre zurückreisen und …*
> *Ich würde auf keinen Fall …*

 b Bilden Sie Gruppen und einigen Sie sich auf einen Zeitpunkt für Ihre Zeitreise. Entwerfen Sie dann gemeinsam ein Werbeplakat für die Reise.

Sprichwörter

13 a Lesen Sie die Sprichwörter. Welches Bild passt? Verbinden Sie.

a Morgenstund' hat Gold im Mund.

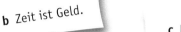
b Zeit ist Geld.

c Die Zeit heilt alle Wunden.

d Dem Wartenden scheinen Minuten Jahre zu sein. (Chinesisches Sprichwort)

e Gras wächst nicht schneller, wenn man daran zieht. (Afrikanisches Sprichwort)

f Kommt Zeit, kommt Rat.

b Welches Sprichwort passt zu welcher Erklärung? Ordnen Sie zu.

1. Man muss Geduld haben. ____

2. Am Morgen kann man besonders gut arbeiten und viel schaffen. ____

3. Wenn viel Zeit vergangen ist, vergisst man auch Enttäuschungen. ____

4. Man sollte seine Zeit effektiv nutzen. ____

5. Es hängt von der Situation ab, wie schnell die Zeit vergeht. ____

6. Für die Lösung von einem Problem braucht man oft viel Zeit. ____

c Welche Sprichwörter zum Thema „Zeit" gibt es in Ihrer Sprache? Erzählen Sie.

d Wählen Sie ein Sprichwort aus 13a als Überschrift und schreiben Sie eine Geschichte dazu.

Morgenstund hat Gold im Mund
Das Telefon klingelt und klingelt. Es ist erst sieben Uhr.
Wer ruft so früh an? Jan hat ein komisches Gefühl.
...

Geschichten spannend machen
– Bauen Sie Fragen ein.
– Beschreiben Sie die Gefühle von Personen in der Geschichte.

Der Film

14 a **Alles ist anders! Sehen Sie Szene 22. Welche Sätze sind richtig? Welche sind falsch? Kreuzen Sie an.**

11.22

	richtig	falsch
1. Bea würde gern wieder im Verlag arbeiten.	☐	☐
2. Bea arbeitet jetzt in ihrem Traumberuf.	☐	☐
3. Sie findet ihre neue Arbeit manchmal auch langweilig.	☐	☐
4. Bea hätte gern mehr Zeit für ihre Freunde.	☐	☐

b **Was hat sich in Beas Leben durch die neue Stelle verändert? Notieren Sie Stichworte und vergleichen Sie im Kurs.**

früher	heute
von 9 bis 5 Uhr im Verlag	

Früher war Bea …

c **Wie finden Sie Beas neuen Wohnort? Wie gefällt Ihnen der Bauernhof? Sprechen Sie im Kurs.**

15 a **Endlich mehr Zeit! Wer sagt was? Vermuten Sie und notieren Sie B (für Bea) oder C (für Claudia).**

Im Moment bin ich dauernd unterwegs. Letzte Woche drei Tage in Berlin.

Und davor in Madrid. Das war toll. _____

Das ist doch ein perfekter Start ins Berufsleben. Ich gratuliere dir! _____

Bei mir gibt's auch Neuigkeiten: Seit diesem Monat arbeite ich nur noch

halbtags. _____

Ich will mehr Zeit für mich. _____

Und was sagt Martin dazu? _____

Martin? Der unterstützt mich voll. _____

b **Sehen Sie nun Szene 23. Waren Ihre Vermutungen richtig?**

11.23

c **Wofür und für wen hat Claudia jetzt mehr Zeit?**

d **Mehr Zeit – weniger Zeit. Welche Veränderungen hat es bei Ihnen gegeben? Wann hatten Sie plötzlich mehr Zeit oder weniger Zeit? Erzählen Sie.**

Nach der Schule habe ich eine Ausbildung begonnen.
Da hatte ich plötzlich viel weniger Zeit. Ich musste jeden Tag bis 18 Uhr arbeiten. …

Kurz und klar

Wünsche äußern

Ich würde gern öfter Freunde treffen. • Wir hätten gern einen Hund. • Sie wäre gern mehr in der Natur.

Ratschläge geben

Ich würde mit meinem Chef sprechen.
Du könntest deiner Kollegin sagen, dass ihr in der Mittagspause reden könnt.
Du solltest am Abend Sport machen.
An deiner Stelle würde ich mit dem Fahrrad zur Arbeit fahren.

gemeinsam etwas planen

einen Vorschlag machen / um etwas bitten

Wir könnten ...
Wollen wir ...?
Könntest du ...?
Denkst du an ...?
Würdest du bitte ...?

einen Gegenvorschlag machen / nachfragen

Wollen wir nicht lieber ...?
Was für einen/ein/eine ... gibt es?
Geht das bei dir?
Was hältst du davon? Wir ...
Einverstanden?

zustimmen

Klar, gern.
Ich finde, ... ist gut/prima.
Von mir aus gern.
Aber sicher.
Ja, das wäre super.

ablehnen

Nein, das ist nicht so praktisch.
Ich habe keine Lust.
Nein, das schaffe ich schon.
Ne, lieber nicht.

Grammatik

Konjunktiv II: Formen

	sein	haben	andere Verben: würde + Infinitiv
ich	wäre	hätte	**würde** ... essen
du	wärst	hättest	**würdest** ... fahren
er/es/sie	wäre	hätte	**würde** ... schlafen
wir	wären	hätten	**würden** ... schwimmen
ihr	wärt	hättet	**würdet** ... helfen
sie/Sie	wären	hätten	**würden** ... lachen

Konjunktiv II: Verwendung

höfliche Bitte:
Könntest du mir (bitte) helfen?
Wunsch:
Ich **hätte gern** mehr Zeit.
Ratschlag:
Ich **würde** mit meinem Chef **sprechen.**

Verben mit Präposition

Wir **freuen** uns **auf** den Ausflug.
Er **denkt an** uns.
Sie **spricht mit** ihren Freunden.

sich freuen auf + Akk.
denken an + Akk.
sprechen mit + Dat.

Weitere Verben: sich ärgern über + Akk., sich kümmern um + Akk., warten auf + Akk., ...

W-Fragen mit Präposition

Mit **Präposition** + **Fragewort** fragt man nach Personen.

Mit *wo(r)* + **Präposition** fragt man nach Dingen und Ereignissen.

Über wen ärgert sich Markus? – Über den Lehrer.
Mit wem hat Markus gesprochen? – Mit Tom.

Worüber ärgert sich Markus? – Über die Prüfung.
Worauf freut er sich? – Auf den Ausflug.

Wenn die Präposition mit Vokal beginnt, braucht man ein „r". Beispiel: worüber, worauf, ...

Lernziele

Informationen über andere Kulturen
  verstehen
über Benehmen sprechen
Absichten ausdrücken
die passende Anrede verwenden
Tipps in einem Text verstehen
über Anredeformen sprechen
nähere Informationen geben
über Klischees sprechen
Klischees recherchieren und darüber
  schreiben

Grammatik
Nebensätze mit *damit* und *um ... zu*
Relativsätze im Akkusativ

Sie waren gerade wieder in Äthiopien. Was hat Sie am meisten beeindruckt?
Die Gastfreundschaft war toll. Ich war ein paar Mal Gast bei einer traditionellen
Kaffeezeremonie. Das gehört zum normalen Leben.

Was ist das Besondere? Bei uns lädt man auch Freunde zum Kaffee ein.
Ja, aber bei uns steht der Kaffee schon fertig auf dem Tisch. In Äthiopien macht die
Gastgeberin alles selbst. Die Zeremonie dauert oft zwei Stunden, und da kann man
reden, viel, viel reden.

Was passiert da?
Die Gastgeberin wäscht die Kaffeebohnen, röstet sie auf einem kleinen Ofen und so
weiter. Der Kaffee schmeckt sehr gut.

Petra Nagel,
Kulturwissenschaftlerin,
lebt in Stuttgart.

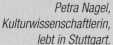

Typisch, oder?

Wie feiert ihr Neujahr?
Welches Neujahr? Wir feiern nämlich zweimal. Ich feiere Silvester
mit meinen Eltern und vielen Freunden.

Und das zweite Neujahr?
Das feiern wir am 22. März, Nouruz. Mein Vater kommt aus dem Iran,
für ihn ist Nouruz sehr wichtig und in unserer Familie auch.

Wie feiert ihr Nouruz? Was ist besonders?
Wir kochen Fisch und grünen Reis, und wir dekorieren einen Tisch,
der heißt „Haft Sin": „Sieben Sachen" – alle beginnen mit S. Das
gehört dazu. Und alles wird neu.

Was heißt das, „alles wird neu"?
Man muss an Nouruz neu beginnen, man muss alte Probleme
vergessen. Nur so kann das neue Jahr gut werden.

Shirin Madani lebt in Innsbruck.
Der Vater ist aus dem Iran, die
Mutter aus Österreich.

1

a Traditionen. Sehen Sie die Fotos 1 bis 3 an. Beschreiben Sie die Bilder.

b Arbeiten Sie zu dritt. Jeder liest ein Interview.
   Berichten Sie den anderen von Ihrem Interview.

Shirin Madani erzählt
vom Neujahrsfest Nouruz. ...

Herr Böhmer, warum tragen Sie diese Kleidung?
Ich bin Tischler, und jetzt bin ich auf der Walz. Also ich wandere durch Deutschland und arbeite mal hier und mal dort.
Wie lange dauert die Wanderschaft, die „Walz"?
Drei Jahre und einen Tag. Erst dann darf ich in meinen Heimatort zurückkommen.
Müssen Sie das machen?
Nein, nein. Das ist freiwillig.
Kann jeder auf Wanderschaft gehen?
Nein, man braucht eine abgeschlossene Lehre, man muss also Geselle sein. Und man muss – wenn man die Tradition sehr streng sieht – ledig sein und jünger als 30 Jahre.
Ist die Kleidung praktisch?
Ja, schon. Man trägt sie ja auch bei jedem Wetter, im Sommer und im Winter.

Jakob Böhmer ist Tischler und Wandergeselle. Er kommt aus Kassel.

2

a Typisch deutsch? Sehen Sie die Fotos an. Was feiert man da? Sammeln Sie Ideen.

Erntedankfest im Schwarzwald (Baden-Württemberg)

Maibaum in Bonn

b 2.53 **Hören Sie die Interviews und vergleichen Sie die Informationen mit Ihren Ideen aus 2a. Beantworten Sie die Fragen.**

1. Welche Traditionen sind den Leuten wichtig?
2. Wann macht man das?
3. Wer macht das?
4. Was ist besonders?

c Welches Fest oder welche Tradition ist für Sie wichtig? Sammeln und berichten Sie.

d Recherchieren Sie zu den Traditionen „Erntedankfest" oder „Maibaum". Oder wählen Sie eine andere Tradition aus D-A-CH aus. Sammeln Sie dann alle Informationen im Kurs und machen Sie ein Plakat.

Alles anders?

3

a Sehen Sie die Zeichnungen an. Was sind die Probleme? Beschreiben Sie.

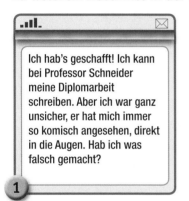

Warum sieht er mich so an?

Es ist rot!

b Lesen Sie die Nachrichten von Dursun und die Antwort von seinem Freund. Welche SMS passt zu welchem Abschnitt in der E-Mail?

1
.ıll. ✉

Ich hab's geschafft! Ich kann bei Professor Schneider meine Diplomarbeit schreiben. Aber ich war ganz unsicher, er hat mich immer so komisch angesehen, direkt in die Augen. Hab ich was falsch gemacht?

2
.ıll. ✉

Neulich war ein gemütlicher Abend bei meinem Arbeitskollegen Alex. Alle haben die Schuhe ausgezogen. Aber gestern auf der Geburtstagsparty bei meiner Nachbarin war ich der EINZIGE in Socken. Das war vielleicht ein blödes Gefühl!

3
.ıll. ✉

Ich versteh das nicht. Die Ampel war rot, aber keine Autos auf der Straße. Als ich über die Straße gegangen bin, hat jemand „Es ist rot!" gerufen. Ich warte doch nicht, wenn keine Autos fahren. Manche Leute sind wie Polizisten!

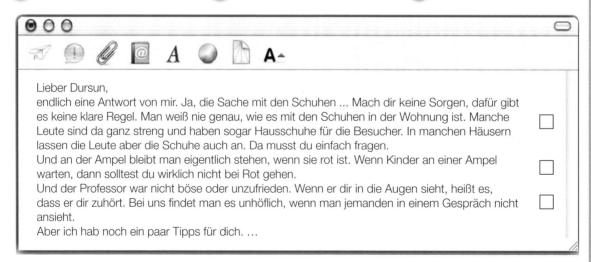

⬤⬤⬤

✈ ❗ 📎 @ *A* ⬤ 🗋 **A⌃**

Lieber Dursun,
endlich eine Antwort von mir. Ja, die Sache mit den Schuhen ... Mach dir keine Sorgen, dafür gibt es keine klare Regel. Man weiß nie genau, wie es mit den Schuhen in der Wohnung ist. Manche Leute sind da ganz streng und haben sogar Hausschuhe für die Besucher. In manchen Häusern lassen die Leute aber die Schuhe auch an. Da musst du einfach fragen. ☐
Und an der Ampel bleibt man eigentlich stehen, wenn sie rot ist. Wenn Kinder an einer Ampel warten, dann solltest du wirklich nicht bei Rot gehen. ☐
Und der Professor war nicht böse oder unzufrieden. Wenn er dir in die Augen sieht, heißt es, dass er dir zuhört. Bei uns findet man es unhöflich, wenn man jemanden in einem Gespräch nicht ansieht. ☐
Aber ich hab noch ein paar Tipps für dich. ...

c Was sollte man machen? Formulieren Sie Ratschläge mit den Informationen aus der E-Mail.

In Gesprächen sollte man die andere Person ...

d Ist Ihnen im Ausland auch schon etwas Ähnliches passiert wie in 3a? *Ich war einmal in ...*
Machen Sie Notizen und erzählen Sie.

Das macht man bei uns nicht!

4 **a** Kulturknigge. Lesen Sie die Forumsbeiträge. Wählen Sie zu zweit eine Situation und spielen Sie die zwei Varianten im Kurs vor.

> 1 **Schneebär** Wenn ich mir die Nase putzen muss, dann nehme ich ein Taschentuch, sehe zur Seite und mache das so leise wie möglich. Da kann man doch nichts falsch machen.

> **Nana** Ein Taschentuch nehmen und die Nase putzen, das ist bei uns unhöflich. Das sollte man auf keinen Fall tun. Ich gehe zur Toilette oder ich ziehe die Nase hoch. So macht man das bei uns.

> 2 **Tintin** Wenn die Suppe sehr heiß ist, dann rühre ich mit dem Löffel um und esse ganz vorsichtig und leise.

> **Surang** Man kann doch die Suppe auch vom Löffel schlürfen. Dann hört man, dass sie gut schmeckt.

> 3 **BigBen** Man sitzt privat zusammen beim Essen. Der Gastgeber fragt, ob jemand noch etwas will. Wer „ja" sagt, bekommt noch etwas. Wer „nein" sagt, bekommt nichts. Ganz einfach.

> **Jassi** Nein, das kann man bei uns nicht machen. Man muss zuerst ein paar Mal „nein" sagen, auch wenn man noch Hunger hat. Erst dann sagt man „ja" und bekommt noch eine Portion. Wenn man gleich „ja" sagt, wirkt das gierig und unhöflich.

b Wie macht man das bei Ihnen? Erzählen Sie im Kurs.

c Interview mit einer Reiseleiterin. Hören Sie. Ergänzen Sie das Land und verbinden Sie.

2.54

1. In _____ sagt man zuerst ein paar Mal „nein",

2. Man geht in _____ immer zur Toilette,

3. In _____ essen die Leute heiße Suppe ganz vorsichtig,

A um sich die Nase zu putzen.

B um nicht zu schlürfen. Laut schlürfen ist unhöflich.

C damit man nicht gierig oder unhöflich wirkt.

d Absichten ausdrücken. Lesen Sie die Regel und kreuzen Sie an.

Regel:
1. Subjekt 1 und Subjekt 2 sind
   ☐ gleich ☐ nicht gleich: *damit*
2. Subjekt 1 und Subjekt 2 sind
   ☐ gleich ☐ nicht gleich: *damit* oder *um … zu*

> **Nebensätze mit *damit* und *um … zu* (Wozu?)**
> **Der Gastgeber** bietet mehrmals Essen an, **damit alle Gäste** satt werden.
>
> **Man** sagt zuerst „nein",   **damit man** nicht unhöflich wirkt.
>   **um** nicht unhöflich **zu** wirken.

5 Benehmen und Höflichkeit. Was sollte man (nicht) machen? Wozu? Schreiben Sie fünf Sätze.

in der Bibliothek leise sein
bei einer Einladung ein Geschenk mitbringen
bei einem Termin pünktlich sein
im Bus einen Sitzplatz frei machen

> alte Leute können sitzen • den Gastgebern eine Freude machen • die anderen nicht stören • die anderen nicht warten müssen • …

> *In der Bibliothek sollte man leise sein, um die anderen nicht zu stören.*

6 Als Gast in … Worauf muss man bei Ihnen achten? Schreiben Sie fünf Ratschläge.

als Gast   beim Essen   im Gespräch   bei der Kleidung   …

> *Bei einer Party sollte man …*

Du oder Sie?

7 Sehen Sie die Fotos an. Was denken Sie: Wer sagt zu wem *du*? Wer sagt zu wem *Sie*? Sprechen Sie im Kurs.

8 a Arbeiten Sie zu zweit. Lesen Sie den Text. Wann sagt man *du*, wann sagt man *Sie*? Person A markiert Informationen für *du*, B für *Sie*. Sprechen Sie dann über Ihre Informationen.

Duzen oder siezen? Welche Anrede ist wann korrekt?

Man will ja nicht unhöflich sein – aber wie macht man es richtig? Zu wem sagt man *du* und zu wem sagt man *Sie*? So einfach ist das gar nicht und klare Regeln gibt es auch nicht immer. Aber zum Glück gibt es einige Tipps.

Es ist unhöflich, *du* zu sagen, wenn der andere lieber ein *Sie* hören möchte. Sagt man also am besten immer *Sie*? Nein, so einfach ist es leider nicht, denn das kann auch unhöflich sein: *Sie* zeigt immer auch Distanz. Es kann auch heißen, dass man keinen persönlichen Kontakt will, dass man nicht befreundet sein will. Wann also sagt man *du* und wann *Sie*?

5 Einfach ist es, wenn man jung ist: Kinder bis zum Schulalter dürfen zu allen *du* sagen. Wenn die Kinder dann in der Schule sind, sagen sie zu anderen Kindern *du* und zu den meisten Erwachsenen *Sie*. Jugendliche und Studenten duzen sich (auch wenn sie sich nicht näher kennen) und siezen andere Erwachsene. Mitglieder der Familie und gute Freunde aber duzt man immer, auch wenn sie älter sind.

Nicht mehr so einfach ist es ab einem Alter von ungefähr 30 Jahren. Ist man schon so alt, dass man
10 Personen im gleichen Alter siezen muss? Oder fühlt man sich noch jung und sagt lieber *du*? Hier gibt es keine Regel und jeder entscheidet das selbst. Es hängt auch davon ab, wo man lebt. In Österreich und der Schweiz sagt man eher *du* als in vielen Teilen Deutschlands. Und auf dem Dorf duzt man eher als in der Stadt.

Generell gilt, dass sich Erwachsene automatisch siezen, wenn sie sich nicht gut kennen. Auf jeden
15 Fall siezt man fremde ältere Personen. Natürlich spricht man auch Polizisten, Lehrer, Professoren und Beamte mit *Sie* an. Auch in Restaurants und Geschäften spricht man die Personen besser mit *Sie* an. Eine Ausnahme ist, wenn der Kellner (die Kellnerin) oder der Verkäufer (die Verkäuferin) *du* sagt. Dann kann man auch *du* sagen – man muss aber nicht, wenn man nicht möchte.

Und dann gibt es noch bestimmte Situationen, die typisch für das Duzen sind: Beim Wandern in den
20 Bergen und bei vielen Sportarten, auf Partys, in Clubs und Bars sagt man meistens *du*.

Und wie ist es am Arbeitsplatz, unter Kollegen und mit dem Chef? Das ist ganz unterschiedlich. Am besten, man hört zu, wie es die anderen machen. Aber geben Sie Acht: Ihren Chef sollten Sie siezen, auch wenn Kollegen ihn duzen. Und auch bei Kollegen gilt: Wenn man sich nicht sicher ist, sollte man immer siezen. Erst wenn sie einem das Du anbieten, kann man sie duzen.

b **Wer sagt was? Kreuzen Sie die passende Anrede für die folgenden Situationen an. Spielen Sie zu zweit drei Situationen.**

	Sie	du
1. Ein Schulkind fragt eine Frau nach der Uhrzeit.	☐	☐
2. Ein Student fragt einen anderen Student nach der Mensa.	☐	☐
3. Ein Mann fragt einen Polizisten nach dem Weg zum Bahnhof.	☐	☐
4. Eine Frau fragt einen älteren Herrn nach einer Apotheke.	☐	☐
5. Ihr neuer Kollege bittet den Chef um einen Termin.	☐	☐
6. Bei einer Bergtour fragt ein Mann einen anderen, wie weit es noch bis zum Ziel ist.	☐	☐

2.55

**Gut gesagt:
Das Du anbieten**
◉ Wollen wir uns nicht duzen? / Sollen wir nicht du sagen?
◇ Ja, gerne. Also ich bin Valentin.
◉ Und ich bin Sandra.

Entschuldigung, können Sie mir sagen, wie spät es ist?

Ja, warte mal ... Es ist jetzt ...

c **Wie ist das in Ihrer Sprache? Gibt es Unterschiede in der Anrede (ähnlich wie *Sie* oder *du*)? In welchen Situationen sagt man was? Sammeln Sie im Kurs.**

12.24

d **Sehen Sie noch einmal die Bilder in Aufgabe 7 an. Arbeiten Sie in kleinen Gruppen. Wählen Sie gemeinsam ein Bild und schreiben Sie einen Dialog dazu. Spielen Sie den Dialog im Kurs vor.**

9

a **Relativsätze. Lesen Sie die Sätze. Markieren Sie das Verb und das Akkusativpronomen. Ergänzen Sie dann im Relativsatz das Relativpronomen.**

1. Das ist ein guter Freund von mir. Ich duze ihn natürlich.
   Das ist ein guter Freund von mir, _den_ ich natürlich duze.
2. Ich sieze ältere Menschen. Ich kenne sie nicht.
   Ich sieze ältere Menschen, _____ ich nicht kenne.
3. Ich sieze meine Chefin. Ein Kollege von mir duzt sie.
   Ich sieze meine Chefin, _____ ein Kollege von mir duzt.

Relativsätze im Akkusativ

Du siehst **ihn**.

Der Mann, **den** du siehst, ist mein Kollege.

b **Und Ihre Freunde, Bekannten, ...? Schreiben Sie Relativsätze.**

1. ...: Kollegin – ich kenne sie schon lange
2. ... und ...: Freunde – ich treffe sie oft
3. ...: Arzt – ich muss ihn wieder anrufen
4. ...: Freund – ich habe ihn lange nicht gesehen

1. Clara ist eine Kollegin, die ...

Relativpronomen im Akkusativ

mask.	der Mann,	**den** ich kenne ...
neutr.	das Kind,	**das** ich kenne ...
fem.	die Frau,	**die** ich kenne ...
Plural	die Leute,	**die** ich kenne ...

10

a **Aussage oder Frage? Hören Sie die Sätze. Kreuzen Sie an.**

2.56

	Frage	Aussage		Frage	Aussage		Frage	Aussage
Satz 1	☐	☐	Satz 3	☐	☐	Satz 5	☐	☐
Satz 2	☐	☐	Satz 4	☐	☐	Satz 6	☐	☐

Aussage als Frage
Die Stimme steigt am Satzende nach oben.
Du kommst mit? ↑

b **Hören Sie nun sechs Gespräche zur Kontrolle.**

2.57–62

c **Arbeiten Sie zu zweit. Jeder nimmt zehn Zettel und notiert auf fünf Zetteln fünf Sätze ohne Satzeichen und auf den anderen fünf Zetteln „!" oder „?". Machen Sie zwei Stapel und ziehen Sie von jedem Stapel einen Zettel. Sagen Sie dann Ihre Sätze laut. Frage oder Aussage? Der Partner / die Partnerin rät.**

Immer diese Klischees ...

11 a Sehen Sie die Bilder an. Kennen Sie diese Klischees? Sprechen Sie im Kurs.

b Hören Sie zwei Gespräche. Auf welche Klischees in 11a gehen die Studenten ein?

2.63–64

c Hören Sie noch einmal und machen Sie Notizen. Welche weiteren Klischees nennen Jenny, Marisa und Nathan? Was sagen die Studenten über die Klischees? Berichten Sie.

2.63–64

Wortschatz
AB   **d** Und Ihre Erfahrungen? Was haben Sie in Deutschland, Österreich oder der Schweiz erlebt oder von diesen Ländern gehört? Erzählen Sie.

> Oft hört man ... • ... manchmal ... • Einmal habe ich erlebt, dass ... •
> In ... ist mir aufgefallen, dass ... • Manche Leute sagen, dass ...

12.25

12 **a** Ein Blog über Österreich. Arbeiten Sie zu zweit. Lesen Sie und nummerieren Sie die Textteile in der richtigen Reihenfolge. Vergleichen Sie mit Ihrem Partner / Ihrer Partnerin.

Home	MyBlog	Fotoalbum	Impressum	Kontakt

Typisch Österreich?

A ☐

Ein zweites Klischee ist das mit dem Skifahren. In den USA haben mich alle gefragt, ob ich auch so gut Ski fahren kann. Und? Ich kann überhaupt nicht Ski fahren! Ja, da bin ich vielleicht eine Ausnahme. Meine Freunde und Bekannten können alle Ski fahren ... Vielleicht lerne ich es ja auch noch.

B ☐

Abschließend kann ich nur sagen, dass mich viele Klischees über Österreich überrascht haben. Manche stimmen, aber eigentlich sind die Leute doch so unterschiedlich, dass die Klischees nie für alle stimmen.

> **Textaufbau**
> 1. das Thema nennen
> 2. Aussage 1 + eigene Meinung
> 3. Aussage 2 + eigene Meinung
> 4. ...
> 5. Zusammenfassung / Schluss

C ☐

Ein typisches Klischee ist, dass wir Österreicher noch in der Kaiserzeit leben. Also, dass wir zum Beispiel so gerne den Opernball feiern, mit Ballkleidern, wie sie Prinzessinnen tragen, Handkuss und, und, und. So ein Quatsch! Ich persönlich interessiere mich dafür gar nicht. Ich finde das alles total altmodisch. Mir gefällt das nicht. Meinen Freunden gefällt das auch nicht. Aber natürlich gibt es Österreicher, die das toll finden.

D ☐

Ich bin in Wien geboren, zur Schule gegangen, habe hier studiert und arbeite jetzt in Wien. Nach dem Studium war ich ein Jahr in den USA. Danach bin ich wieder zurück in meine Heimat gekommen. In meiner Zeit im Ausland habe ich viel über Klischees gelernt. Ich möchte hier etwas über typisch österreichische Klischees schreiben.

E ☐

Und schließlich habe ich oft gehört, dass wir Österreicher so höflich sind. Höflich, aber auch ein bisschen zu schnell beleidigt. Ich weiß nicht, ob wir schnell beleidigt sind. Ich glaube, das ist von Mensch zu Mensch unterschiedlich. Das mit der Höflichkeit stimmt vielleicht. Ich würde nie in ein Restaurant gehen und sagen „Ich nehme ein Wiener Schnitzel" oder „Ich kriege eine Suppe". – So sagen das oft die Touristen aus Deutschland. Das finde ich sehr unhöflich. Ich würde immer sagen: „Ich hätte gern ein Schnitzel" oder „Könnten Sie mir bitte ein Schnitzel bringen?".

b Welche Klischees nennt der Blogger und welche Meinung hat er dazu? Berichten Sie.

c Wie schreibt man einen Text? Ergänzen Sie passende Ausdrücke aus dem Text.

Thema nennen	**Aussagen ordnen und eine Meinung äußern**	**zusammenfassen / zum Schluss kommen**
Mein Thema ist ...	Eine häufige Meinung ist, ...	Zum Schluss möchte ich sagen, dass ...
Ich schreibe über ...		
_____	_____	_____
	Als Erstes möchte ich von ... berichten/erzählen.	
	_____	
	Drittens ist ...	
	_____	
	Ich glaube/meine/denke, ...	

13 Und Ihr Land? Schreiben Sie einen kurzen Text über Ihr Land. Nennen Sie typische Dinge/ Eigenschaften und schreiben Sie über Ihre Erfahrungen.

12

Der Film

14

a Das ist doch kein Berliner! Auf Deutsch gibt es für manche Lebensmittel regional verschiedene Namen. Sehen Sie Szene 24. Wie nennt Bea die beiden Dinge im Film noch? Wählen Sie aus.

12.24

die Semmel •
die Schrippe •
das Brötli •
das Weggli

• der Puffel
• der Kräbbl
• der Krapfen
• der Pfannkuchen

das Brötchen   *der Berliner*

b Sehen Sie die Szene noch einmal. Bea und Iris unterhalten sich über die neue Wohnsituation von Bea. Wer sagt was? Notieren Sie B (für Bea) und I (für Iris).

12.24

Ort	Menschen
süß ____	nett und herzlich ____
Schock zur Großstadt ____	Oma-Typ ____
nur ein paar Häuser ____	alle duzen sich ____
langweilig ____	alle siezen sich ____
zu spießig ____	

15

a Ein toller Film. Sehen Sie die Szene und den Trailer von „Almanya". Wählen Sie ein Thema zu „Almanya" aus dem Kasten. Was erfährt man über dieses Thema? Machen Sie Notizen und vergleichen Sie im Kurs.

12.25

Eindrücke aus Deutschland • Weihnachten • Deutsche oder Türken? • gemeinsame Reise

b Möchten Sie den Film gern sehen? Warum (nicht)? Welchen anderen Film möchten Sie demnächst im Kino / im Internet sehen?

c Wie geht es weiter mit Bea & Co.? Arbeiten Sie zu zweit und wählen Sie eine Person. Schreiben Sie einen Steckbrief über die Person – in einem, in zehn oder in zwanzig Jahren.

Bea   *Felix*   *Claudia Berg*   *Ella*

d Hängen Sie die Steckbriefe im Kursraum auf. Welcher Steckbrief gefällt Ihnen am besten?

Kurz und klar

über Benehmen sprechen

Bei einer Einladung bringt man meistens ...
Es ist höflich, wenn man ...

Bei Terminen sollten Sie immer ...
Man sollte in der Bibliothek ...

Absichten ausdrücken

Ich bin in der Bibliothek leise, um niemanden zu stören.
Man sagt zuerst „nein", damit es nicht unhöflich wirkt.

über Klischees sprechen

Oft hört man ... • ... manchmal ... • Einmal habe ich erlebt, dass ... •
In ... ist mir aufgefallen, dass ... • Manche Leute sagen, dass ...

über ein Thema schreiben

das Thema nennen	Aussagen ordnen und Meinung äußern	zusammenfassen / zum Schluss kommen
Mein Thema ist ... Ich schreibe über ... Ich möchte etwas über ... schreiben/sagen.	Eine häufige Meinung ist, ... Ein typisches Klischee / eine typische Meinung ist, ... Als erstes möchte ich von ... berichten/erzählen. Ein zweites Klischee / eine zweite Meinung ist, ... Drittens ist ... Schließlich ... Ich glaube/meine/denke, ...	Zum Schluss möchte ich sagen, dass ... Abschließend kann ich nur sagen, dass ...

Grammatik

Nebensätze mit *damit* und *um ... zu* (Wozu?)

Hauptsatz			Nebensatz mit *damit* / *um zu*		
Der Gastgeber Man	bietet sagt	mehrmals Essen an, zuerst „nein",	damit damit um	alle Gäste satt man nicht unhöflich nicht unhöflich	werden, wirkt. zu wirken.
	Verb				Satzende: Verb

Subjekt in Satz 1 ≠ **Subjekt** in Satz 2: *damit*.
Subjekt in Satz 1 = **Subjekt** in Satz 2: *damit* oder *um ... zu*.

Relativsätze mit Relativpronomen im Nominativ und im Akkusativ

Nominativ	Akkusativ
Er steht dort. ↓ <u>Der Mann,</u> **der** dort steht, ist mein Kollege.	Du siehst **ihn**. ↓ <u>Der Mann,</u> **den** du siehst, ist mein Kollege.

Relativpronomen: Akkusativ

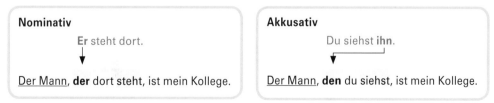

maskulin	Ich kenne **den** Mann.	Das ist der Mann,	**den** ich kenne.
neutrum	Ich kenne **das** Kind.	Das ist das Kind,	**das** ich kenne.
feminin	Ich kenne **die** Frau.	Das ist die Frau,	**die** ich kenne.
Plural	Ich kenne **die** Leute.	Das sind die Leute,	**die** ich kenne.

Wiederholungsspiel

1 Spielen Sie zu zweit gegen ein anderes Paar. Sie brauchen zwei Spielfiguren.
Spielziel: So schnell wie möglich ins Ziel kommen.

Sie beginnen bei „Start". Gehen Sie mit Ihrer Spielfigur ein oder zwei Felder weiter. Sie dürfen in alle Richtungen gehen.

Sie kommen auf ein grünes Feld: Spielen Sie gemeinsam mit Ihrem Partner / Ihrer Partnerin einen Dialog. Sie kommen auf ein rotes Feld: Lösen Sie eine Aufgabe. Man darf nur Aufgaben machen, die noch kein anderer Spieler gelöst hat.

Wenn Sie die Aufgabe richtig lösen, bleiben Sie stehen. Wenn Sie die Aufgabe falsch lösen, müssen Sie ein Feld zurückgehen.

Wer ist zuerst am Ziel?

Ich möchte gern Karten kaufen.

Dialogkarten

1 Spielen Sie: Person A möchte Karten für ein Fußballspiel, Person B ist Verkäufer/in.

2 Spielen Sie: Person A kommt aus Deutschland und möchte das Heimatland von Person B besuchen. Geben Sie Tipps, wie er/sie sich verhalten soll.

3 Planen Sie einen gemeinsamen Ausflug am Sonntag.

4 Die Teilnehmer in Ihrem Kurs möchten zusammen kochen. Planen Sie gemeinsam ein Abendessen.

5 Spielen Sie: Person A hat nächste Woche eine Prüfung und hat noch nichts gelernt. Person B gibt ihm/ihr Tipps für die Vorbereitung.

6 Diskutieren Sie: Person A möchte mit Person B bei einer Fernsehshow mitmachen. Person B findet die Idee nicht gut.

7 Planen Sie gemeinsam die Geburtstagsfeier für einen guten Freund / eine gute Freundin.

8 Planen Sie einen gemeinsamen Konzert-besuch.

9 Spielen Sie: Person A hat Geld verloren. Person B gibt ihm/ihr Ratschläge.

10 Spielen Sie: Person A hat zu wenig Zeit zum Deutschlernen. Person B gibt Tipps.

Aufgabenkarten

1 Sie treffen einen alten Freund. Sie fragen ihn: Haus? Arbeit? Hobbys?
Was für …?

2 Welche Personen siezt man normalerweise? Nennen Sie drei.

3 Was würden Sie gern machen, wenn Sie mehr Zeit hätten? Formulieren Sie drei Antworten.

4 Sie haben nicht alles verstanden. Fragen Sie nach.
Lisa freut sich auf den Urlaub.
Sie ruft bei ihrer Freundin an.

5 Nennen Sie ein deutsches Sprichwort und ein Sprich-wort aus Ihrem Heimatland.

6 Beschreiben Sie zwei Kursteilnehmer.
Erik ist der Student, der …

7 Ein Freund / eine Freun-din möchte mit Ihnen einen deutschsprachigen Film sehen. Sie möchten zustim-men. Formulieren Sie drei Alternativen.

8 Wie heißen die feh-lenden Formen?
ich wäre, du …, er …, wir wären, ihr …, sie …

9 Beschreiben Sie die Situa-tion: tanzen, trinken, sich unterhalten
Jemand …

10 Ein Freund / eine Freun-din möchte mit Ihnen zu-sammen kochen. Sie möch-ten ablehnen. Formulieren Sie drei Alternativen.

11 Bitten Sie Ihren Partner / Ihre Partnerin höflich um …

12 Beschreiben Sie das Bild möglichst genau.

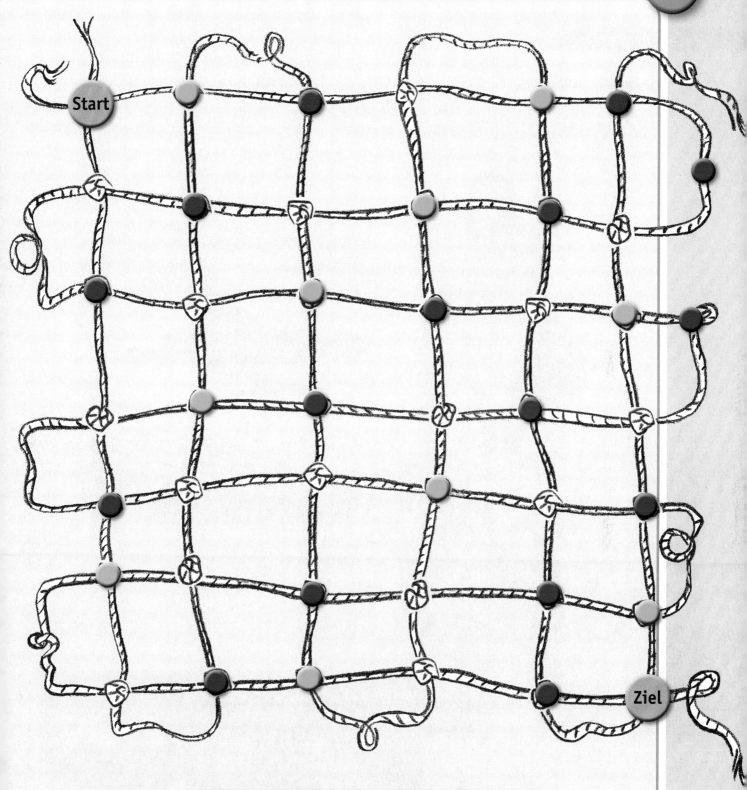

13 Welche Präposition passt?

warten ...,
sich erinnern ...,
sich ärgern ...,
sich kümmern ...

14 Wie kann man bezahlen? Nennen Sie drei Möglichkeiten.

15 Wozu macht man das? Ergänzen Sie.

In der Bibliothek ist man leise, (nicht stören)

Als Gast bringt man etwas mit, (Gastgeber eine Freude machen)

16 Was für Filme kann man im Kino sehen? Nennen Sie drei.

Spielfilme, ...

Eine Geschichte

2 **a** Eine Geschichte. Arbeiten Sie zu zweit. Sehen Sie die Bilder an und ordnen Sie die Fotos zu einer Geschichte.

b Schreiben Sie zu zweit kurze Dialoge zu Ihrer Geschichte. Geben Sie Ihrer Geschichte auch einen Titel. Spielen Sie dann Ihre Geschichte vor.

c Wie sind die Geschichten? Finden Sie im Kurs passende Symbole für jede Geschichte (☺ = lustig, ✗ = spannend, ♥ = romantisch, ...). Bewerten Sie damit an der Tafel die unterschiedlichen Geschichten.

Arbeitsbuch

Gelernt ist gelernt

1

🔘
2.2

a Die Ferienplanung von Familie Gillhaus. Lesen Sie die Notizzettel und hören Sie das Telefongespräch. Ergänzen Sie die fehlenden Angaben.

Amelie
Karate-Kurs zum Kennenlernen

Wann?
Montag–Mittwoch

Uhrzeit: _____

Ort: _____
_____

Jonas
Spanisch für Anfänger

Wann?
_____
_____

Uhrzeit: _____
_____

Ort: Gymnasium

ich
Zumba für
_____

Wann?
_____
_____

Uhrzeit: 18–19 Uhr

Ort: Stadtpark

b Lesen Sie die Mails von Clara und Marie. Was war bei den Kursen positiv, was negativ? Markieren Sie in zwei Farben.

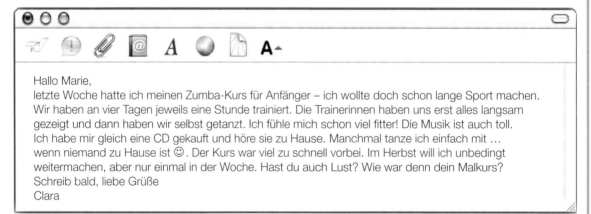

Hallo Marie,
letzte Woche hatte ich meinen Zumba-Kurs für Anfänger – ich wollte doch schon lange Sport machen. Wir haben an vier Tagen jeweils eine Stunde trainiert. Die Trainerinnen haben uns erst alles langsam gezeigt und dann haben wir selbst getanzt. Ich fühle mich schon viel fitter! Die Musik ist auch toll. Ich habe mir gleich eine CD gekauft und höre sie zu Hause. Manchmal tanze ich einfach mit … wenn niemand zu Hause ist ☺. Der Kurs war viel zu schnell vorbei. Im Herbst will ich unbedingt weitermachen, aber nur einmal in der Woche. Hast du auch Lust? Wie war denn dein Malkurs?
Schreib bald, liebe Grüße
Clara

Hallo Clara,
Zumba sieht immer so toll aus, aber für mich ist das zu schnell. ;-) Mein Malkurs in der Toskana war seeehr entspannt, aber leider nicht so interessant, denn ich habe nicht viel Neues gelernt. Anna, unsere Kursleiterin, hat uns einige Bilder gezeigt und dazu etwas erzählt, aber beim Malen hat sie uns dann kaum geholfen. Aber wir Teilnehmer haben uns alle gut verstanden und hatten viel Spaß. Wir wollen uns mal in München treffen und gemeinsam Ausstellungen besuchen.
Das nächste Mal schicke ich dir ein paar Fotos von meinen Bildern. Mal sehen, ob sie dir gefallen!
LG Marie

c Zu wem passen diese Aussagen? Notieren Sie C für Clara oder M für Marie.

1. Der Kurs von ____ war nicht besonders gut.

2. ____ übt auch zu Hause.

3. ____ macht bald noch einen Kurs.

4. ____ hat nette Leute kennengelernt.

5. ____ war nicht zufrieden mit der Lehrerin.

6. ____ fühlt sich nach dem Kurs besser.

2

a Wie kann man Sprachen lernen? Ergänzen Sie die Mindmap.

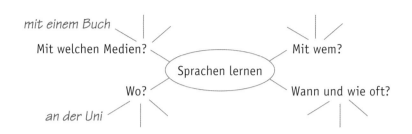

mit einem Buch

Mit welchen Medien?   Mit wem?

Sprachen lernen

Wo?   Wann und wie oft?

an der Uni

> Sie möchten einen
> Text schreiben?
> Machen Sie sich vorher
> Notizen zum Thema, zum
> Beispiel mit einer Mindmap.

b Wie haben Sie Deutsch oder eine andere Sprache gelernt? Schreiben Sie sieben Sätze.

Wo ist das Problem?

3

a Sie müssen für eine Prüfung lernen. Welche Probleme haben Sie? Kreuzen Sie an. Was stört Sie noch? Ergänzen Sie und sprechen Sie danach mit Ihrem Partner / Ihrer Partnerin.

1. Sie haben nur wenig Zeit. ☐
2. Sie denken viel an anderes. ☐
3. Jemand ruft Sie an. ☐
4. Sie haben wenig geschlafen. ☐

5. Es ist laut. ☐
6. Sie haben Hunger. ☐
7. Sie haben keinen Zeitplan. ☐
8. _____ ☐

> *Stört es dich beim
> Lernen, dass ...?*

b Hören Sie die Radiosendung. Welche Probleme haben die Studenten? Notieren Sie.

2.3

 _____

Claudio

 _____

Emily

 _____

Giorgios

c Wer lernt wie? Arbeiten Sie mit Ihrem Partner / Ihrer Partnerin. Stellen Sie Fragen und ergänzen Sie die fehlenden Informationen.

A

Wer?	Henrik	Lili	Murat
Prüfung: welche?	Meister-prüfung		Deutsch-prüfung
Prüfung: wann?		morgen	Ende Juli
Was macht er/sie gut?	seit 10 Wochen lernen		
Was ist das Problem von ...?		sehr nervös sein	

B

Wer?	Henrik	Lili	Murat
Prüfung: welche?		Führer-schein	
Prüfung: wann?	in einer Woche		
Was macht er/sie gut?	mit ihren Eltern üben	mit Kartei-karten arbeiten	
Was ist das Problem von ...?	nach 21 Uhr nicht lernen		Grammatik nicht verstehen

Welche Prüfung macht Lili?

Sie macht den Führerschein.

4

a Ergänzen Sie *denn* oder *weil*. Welches Bild passt zu den Sätzen?

A   **B**   **C**   **D**   **E**

1. _C_ Sven lernt zu wenig, _____ er lieber Freunde trifft.

2. ____ Er kann sich nicht konzentrieren, _____ er hat zu viel Kaffee getrunken.

3. ____ Sven hat Probleme, _____ er hat keinen Lernplan gemacht.

4. ____ Endlich lernt Sven ganz viel, _____ morgen die Prüfung ist.

5. ____ Er hat keine gute Note bekommen, _____ er hat zu wenig gelernt.

b Was passt zu Ihnen? Schreiben Sie die Sätze weiter.

1. Ich kann mich manchmal schlecht konzentrieren, weil _____.

2. Abends kann ich (nicht) gut lernen, denn _____.

3. Ich mache beim Lernen (keine) Pausen, denn _____.

4. Vor Prüfungen bin ich (nicht) nervös, denn _____.

5. Nach einer Prüfung fühle ich mich gut/schlecht, weil _____.

c Lesen Sie die Mail von Mareike. Ergänzen Sie die passenden Formen von *sollte*.

Hallo Iris,

ich kann deine Lernprobleme gut verstehen, denn es geht mir oft ähnlich. Ich denke, ich _sollte_ dir ein

paar von meinen Tricks mailen ☺: Du _____ öfter mit anderen lernen, dann verstehst du den Stoff

vielleicht besser. Ihr _____ eine Lerngruppe bilden und euch regelmäßig treffen. Die Freunde aus der

Lerngruppe _____ dich unterstützen. So macht das Lernen mehr Spaß. Ich habe vor meiner Prüfung

einen Psychologen nach Tipps gefragt. Seine Ratschläge waren sehr interessant: Man _____ vieles

ausprobieren, denn so merkt man, wie man am besten lernt. Außerdem weiß ich jetzt, dass wir nicht so spät

lernen _____. Und wenn du dir Sachen besser merken willst, _____ du sie aufschreiben und oft

wiederholen. Man _____ auch kleine Pausen machen, denn sonst kann man sich nicht konzentrieren.

Also, viel Erfolg und viele Grüße!

Mareike

· ·
sollten • solltest • solltet • solltest • sollte • sollte • sollten • sollte • sollte • solltest
· ·

d Lesen Sie die Lernprobleme 1 bis 6 und ordnen Sie die Ratschläge zu. Formulieren Sie Ratschläge, wenn es noch keine gibt.

1 ____ Ich kann mir Wörter schlecht merken.

2 ____ Wenn ich lernen muss, bin ich gleich müde.

3 ____ Ich kann mich nicht konzentrieren, weil es zu Hause zu laut ist.

4 ____ Vor der Prüfung muss ich zu viel lernen.

5 ____ Meine Freunde rufen mich die ganze Zeit an.

6 ____ Vor jeder Prüfung bin ich total nervös!

A Sie sollten früh mit dem Lernen beginnen. Machen Sie sich einen Zeitplan, dann schaffen Sie alles.

B Sie müssen sich gut auf die Prüfung vorbereiten, dann haben Sie auch keine Angst. Denken Sie vor der Prüfung an positive Erlebnisse, das hilft.

C Schreiben Sie die Wörter auf Kärtchen und wiederholen Sie diese Wörter. Sie können die Kärtchen immer mitnehmen oder in Ihrem Zimmer aufhängen.

D _Sie sollten_ _____

_____

E _____

_____

F _____

_____

5

a Welcher Prüfungstyp sind Sie? Kreuzen Sie an.

❶ In einigen Wochen haben Sie eine Prüfung.

✍ Sie machen einen Lernplan und lernen jeden Tag.

✏ Sie lesen jeden Tag etwas für die Prüfung. Eine Woche vorher lernen Sie täglich.

📚 Sie lernen regelmäßig. Mal mehr, mal weniger.

❷ Ihre Freunde sprechen über Prüfungen.

📚 Sie erzählen, welche Prüfung besonders leicht für Sie war.

✍ Sie möchten schnell das Thema wechseln.

✏ Das Gespräch langweilt Sie.

❸ Morgen haben Sie eine wichtige Prüfung.

✏ Sie lesen am Abend noch einmal den Stoff durch und gehen früh schlafen.

📚 Heute ist nicht morgen. – Sie treffen heute Abend Freunde und feiern zusammen.

✍ Sie lernen bis spät in der Nacht und schlafen schlecht.

❹ Nach der Prüfung denken Sie:

✍ Bestimmt habe ich eine schlechte Note.

📚 Mal sehen, ob ich eine 1 geschafft habe.

✏ Die Note ist mir eigentlich egal.

b Lesen Sie die Beschreibung zu Ihrem Prüfungstyp. Sind Sie einverstanden? Sprechen Sie mit Ihrem Partner / Ihrer Partnerin.

📚 Der lockere Typ

Sie haben keine Angst vor Prüfungen und schlechten Noten. In einer Prüfung können Sie endlich zeigen, was Sie alles wissen. Sie sollten aufpassen, dass Sie Prüfungen nicht zu leicht nehmen.

✏ Typ Normalo

Sie finden Prüfungen ganz normal. Für Sie gehören Prüfungen einfach zum Leben. Sie bereiten sich vor, aber Sie lernen nicht zu viel. Sie sollten beim Lernen mehr Spaß haben und sich über Ihre guten Ergebnisse freuen.

✍ Der gestresste Typ

Sie bereiten sich immer sehr gut vor, aber vor Prüfungen sind Sie sehr nervös. Glauben Sie an sich selbst! Sie sollten Prüfungen nicht soooo ernst nehmen! Zeigen Sie, was Sie können. Und wenn es mal nicht klappt, ist es auch nicht schlimm.

Beruf *Sprache*

6

a **Hören Sie die Aussagen über Berufe. Was ist richtig? Kreuzen Sie an. Manchmal sind zwei Antworten richtig.**

2.4

1. Marlene Schröder ist

    A Lehrerin für Deutsch als Fremdsprache.

    B Lehrerin für Fremdsprachen.

    C Lehrerin für Deutsch, Dänisch und Französisch.

2. In Marlene Schröders Beruf

    A muss man viele Sprachen sprechen.

    B lernt sie Menschen aus der ganzen Welt kennen.

    C erklärt sie viel mit Bildern und Pantomime.

3. Der Flugbegleiter Jonas Wellmann findet seinen Beruf

    A sehr gut.

    B zu stressig.

    C anstrengend und interessant.

4. Der Nachteil am Beruf von Frau Schröder

    A sind die Arbeitszeiten.

    B ist die Bezahlung.

    C ist die Unsicherheit: Sie weiß nie, ob sie nächstes Jahr noch einen Kurs hat.

5. Der Nachteil am Beruf von Jonas Wellmann

    A sind die Arbeitszeiten.

    B ist, dass er zu wenig Zeit in den fremden Städten hat.

    C ist die Bezahlung.

b **Kurz gesagt. Formulieren Sie wie im Beispiel.**

1. Jonas hat einen interessanten Beruf.

    Jonas' Beruf ist interessant.

2. Im Unterricht von Marlene gibt es viel Pantomime.

    In

3. Die Arbeitszeiten von Johanna sind flexibel.

4. Der Arbeitsplatz von Felix ist sehr modern.

5. Moritz hat einen Traumberuf: Er will Gebärdendolmetscher werden.

6. Tommy hat einen Laden. Der Laden ist am Marktplatz.

> **Genitiv bei Namen auf -z oder -x**
> Namen mit -*s*, -*z* und -*x* am Ende haben im Genitiv einen ':
> Beatri**x**' Lieblingssprache ist Spanisch.

7

a Zeit – Zeit – Zeit! Und Ihre Zeit? Schreiben Sie über sich.

1. Letzte Woche habe ich über vier Stunden _____

2. Am Samstag habe ich bis ... Uhr _____

3. Vor einem Jahr _____

4. Seit ... Wochen _____

5. An manchen Tagen _____

6. Um 23 Uhr _____

7. Nach dem Unterricht _____

8. Ab nächste Woche _____

b Ergänzen Sie die Zeitangaben.

_____Vor_____ (1) zwei Jahren habe ich meine Ausbildung als Hotelfachfrau abgeschlossen. _____ (2) sechs Monaten arbeite ich jetzt hier im Hotel. Ich arbeite an der Rezeption. Da ist es gut, dass ich so viele Sprachen spreche. Ich fange meistens _____ (3) 7 Uhr an und arbeite _____ (4) 16 Uhr. Das ist super, denn _____ (5) der Arbeit gehe ich gern noch zum Sport. Ich bin oft _____ (6) zwei Stunden im Fitnessstudio. _____ (7) manchen Tagen habe ich auch Spätschicht. Dann arbeite ich _____ (8) 16 Uhr _____ (9) 24 Uhr. Das finde ich nicht so gut.

an • bis • nach • seit • über • um • von • bis ... • vor

8

a Beschreiben Sie den Tagesablauf von Frau Wegele. Benutzen Sie die Ausdrücke unter den Bildern.

Frau Wegele steht um ein Uhr auf. Dann ...

um ... Uhr

von ... bis ...

über ... Stunden

bis ... Uhr

um ... Uhr

nach ... Uhr

b Welchen Beruf hat Frau Wegele? Was vermuten Sie? Begründen Sie Ihre Meinung. Schreiben Sie drei bis fünf Sätze.

Ich glaube, Frau Wegele ist ...

9

2.5

a *b*, *d* und *g* am Wortende. Lesen Sie die Sätze und markieren Sie: Wo spricht man „*p*", „*t*", und „*k*" und nicht „*b*", „*d*" oder „*g*"?

1. Gestern war Sonnta<u>g</u>.
2. Die Sonnta<u>ge</u> sind immer zu kurz.
3. Am Aben<u>d</u> ha<u>b</u>' ich nie Zeit. Das fin<u>d</u>' ich so blö<u>d</u>!
4. Ich ha<u>be</u> oft freie Aben<u>de</u>. Das fin<u>de</u> ich so schön!
5. Er fährt mit dem Motorra<u>d</u> in Urlau<u>b</u>. Den ganzen We<u>g</u>!
6. Wir benutzen die Motorrä<u>der</u> für unsere Urlau<u>be</u>. Weite We<u>ge</u> sind dann kein Problem.

b Lesen Sie die Sätze aus 9a laut.

c Notieren Sie drei Sätze mit Wörtern aus dem Kasten. Sie können auch andere Wörter ergänzen. Diktieren Sie die Sätze Ihrem Partner / Ihrer Partnerin. Wechseln Sie dann und kontrollieren Sie sich gegenseitig.

> am Abend • Frau Brog • Herr Briggs • Job • und • Freitag • er/sie mag • geben • Geld • Geburtstag • lieb • bald • bleiben • Montag • gehen • plötzlich • ...

Am Freitag geht Frau Brog am Abend ...

Generationenprojekte

10

a Lesen Sie die folgenden Überschriften für einen Zeitungsartikel. Sehen Sie auch das Foto an. Welche Informationen erwarten Sie in dem Artikel? Kreuzen Sie an und ergänzen Sie.

> ### Was Manager von Kindern lernen können
> Kreativität und neue Perspektiven –
> in einem Wochenendseminar lernen Manager von Kindern.

☐ 1. Wo ist das Seminar?

☐ 2. Wer lernt von wem?

☐ 3. Was lernen die Leute?

☐ 4. Wann gibt es Pausen?

☐ 5. Warum sind dort Kinder?

☐ 6. Wie alt sind die Kinder?

☐ 7. Wie viele Manager sind da?

☐ 8. Wie lange dauert das Seminar?

☐ 9. Was essen die Leute auf dem Seminar?

☐ 10. _____

☐ 11. _____

☐ 12. _____

b **Lesen Sie den Text. Notieren Sie: In welchen Zeilen finden Sie Informationen zu den Fragen aus 10a?**

„Mir ist wichtig, dass ich wichtig bin." – So stellt sich Paula eine Managerin vor. Als sie das sagt, lachen die „echten" Manager. Ob echte Managerinnen wirklich so sind? An
5 diesem Wochenende kann Paula das heraus-finden.

Paula ist 12 Jahre alt und dieses Wochenende ist für sie ganz anders als sonst: Zusammen mit 15 anderen Kindern und Jugendlichen
10 zwischen 12 und 16 Jahren verbringt sie ein Wochenende mit 21 Managern aus der Wirtschaft in einem alten Fabrikgebäude in Berlin. In dem Workshop lernen Manager von Kindern. Die Kinder und Jugendlichen
15 zeigen den Managern, wie sie sich motivie-

ren, wie sie Probleme lösen und wie kreativ sie sind. Vor allem lernen die Manager von ihnen, wie man anders denkt und dass man nicht gleich „Nein" zu neuen Ideen sagen
20 sollte. Sie sehen, dass Kinder lockerer sind und Probleme ganz anders lösen.

Nach dem Kennenlernen spielen die Kinder Manager. Sie bekommen Zettel mit ganz rea-len Problemen der Manager. Zum Beispiel die
25 Frage, wie man besser für ein Produkt wer-ben kann. Am Ende des Seminars haben die Kinder zu allen Fragen Antworten gefunden. Und die Manager? Die möchten die Kinder wiedersehen und das Seminar fortsetzen.

Frage 1: Zeile ...

c **Ergänzen Sie die Mail mit Informationen aus dem Text.**

Hallo Tabea,

ich habe einen interessanten Text über ein Managerseminar gelesen. Stell dir vor: In dem Seminar

lernen _____ (1) von _____ (2). Das hört sich verrückt an, oder? Die Kinder sind

zwischen _____ und _____ (3) Jahre alt und an dem _____ (4) haben

21 _____ (5) teilgenommen. Das Seminar hat ein _____ (6) lang

gedauert und war in _____ (7). Die Kinder haben _____ (8) gespielt und

Lösungen für echte _____ (9) gefunden. Die Manager haben gelernt, dass man Probleme

sehr kreativ lösen kann. Sie sind jetzt offener für neue _____ (10).

Du kannst ja deinem Onkel mal von dem Seminar erzählen – der ist doch auch Manager! ☺

Viele Grüße

Sonnie

11 **Was passt nicht? Streichen Sie durch.**

1. Informationen: sammeln – recherchieren – suchen – machen

2. Berichte: hören – probieren – lesen – schreiben

3. Projekte: planen – beschreiben – lachen – machen

4. Präsentationen: halten – vorbereiten – sprechen – hören

5. Stichwörter: notieren – sammeln – ordnen – lösen

12 a Lesen Sie den Auszug aus einer Mini-Präsentation. Wo passen die Ausdrücke und Wendungen?

> A Zum ersten Punkt: ... • B ich möchte euch ein Projekt vorstellen. •
> C Ich fasse kurz zusammen: ... • D Ich habe das Projekt ... gewählt, weil ... • E Ich möchte im
> Folgenden über drei wichtige Punkte sprechen. Erstens: ... • F Vielen Dank! Gibt es noch Fragen?

Liebe Kolleginnen und Kollegen, _B_ (1). ____ (2) es mir gut gefällt und weil ein Freund von mir aktiv mitmacht. Nun, was ist das genau, das Projekt „Vorleser"?

____ (3) Wie funktioniert das Projekt? Zweitens: Warum gibt es dieses Projekt? Und drittens, was ist wichtig bei diesem Projekt?

____ (4). Das Projekt ist ganz einfach: Junge Leute lesen Senioren ein oder zwei Mal pro Woche eine Geschichte oder einen Text aus der Zeitung vor. Dann reden Sie mit ihnen und erfahren etwas aus ihrer Welt. Beide Seiten lernen sich besser kennen.

...

____ (5): „Vorleser" heißt also nicht: Die Jungen unterhalten die Alten. Beide Seiten werden aktiv und hören der anderen Seite zu.

____ (6)

⊙ **b** Hören Sie zur Kontrolle.
2.6

13 Sehen Sie die Zeichnung an. Was ist bei dieser Präsentation nicht gut? Notieren Sie und schreiben Sie Tipps für diese Situation.

Er liest alles von einem Zettel ab. → *Die Präsentation vorher üben. Nur Stichpunkte notieren.*
...

Das kann ich nach Kapitel 7

R1 Sehen Sie die Bilder an und schreiben Sie eine Antwort.

1. Warum spielen die Kinder nicht draußen?

2. Warum hat Oliver am Abend keinen Hunger?

3. Warum kommt Miriam zu spät zur Arbeit?

	☺☺	☺	☺	☹	KB	AB
✏ Ich kann etwas begründen.	☐	☐	☐	☐	4b, c, 5	4a, b

R2 Arbeiten Sie zu zweit. Beschreiben Sie das Problem. Ihr Partner / Ihre Partnerin gibt Tipps.

A

Problem:
- Prüfung in 10 Tagen
- Schon viel gelernt, aber nicht alles
- nächste Woche: Fußball-Trainingscamp mit Ihrem Verein → Sie sind im Zeltlager und trainieren Fußball, keine Zeit fürs Lernen.

Tipps:
- weniger ist mehr: weniger Stoff lernen, aber das Wenige richtig gut lernen
- in den Pausen etwas Schönes machen (Eis essen, Freunde treffen)

B

Problem:
- Prüfung in 5 Tagen
- sehr viel Lernstoff
- Lernplan zeigt: Sie müssen jeden Tag 9 Stunden lernen ← am Morgen alles vergessen, immer müde

Tipps:
- Lernkärtchen schreiben
- Kärtchen mit zum Trainingscamp nehmen, immer ein paar Karten dabei haben und in Mini-Pausen draufschauen

	☺☺	☺	☺	☹	KB	AB
💬 Ich kann Lernprobleme beschreiben und Ratschläge geben.	☐	☐	☐	☐	3, 4, 5	3a, c, 4c

R3 Schreiben Sie fünf bis acht Sätze über Ihren Berufsalltag oder den Berufsalltag von einem Freund / einer Freundin.

	☺☺	☺	☺	☹	KB	AB
✏ Ich kann kurze Texte über den Berufsalltag schreiben.	☐	☐	☐	☐	8	8b

Außerdem kann ich	☺☺	☺	☺	☹	KB	AB
👂 ... ein Gespräch über Termine und Orte verstehen.	☐	☐	☐	☐		1a
👂 ... eine Radioumfrage über Prüfungsstress verstehen.	☐	☐	☐	☐		3b
💬 ... über den Berufsalltag sprechen.	☐	☐	☐	☐		8a
💬✏ ... über Prüfungen sprechen und schreiben.	☐	☐	☐	☐	3, 4	3c
💬 ... über ein Generationenprojekt berichten.	☐	☐	☐	☐	11	
💬 ... eine Mini-Präsentation verstehen und machen.	☐	☐	☐	☐	12, 13	12a–b
📖 ... einen Test über Prüfungstypen verstehen.	☐	☐	☐	☐		5a–b
📖👂 ... Berichte über den Berufsalltag verstehen.	☐	☐	☐	☐	6b	6a
📖👂 ... eine Radioreportage verstehen.	☐	☐	☐	☐	10b	

Lernwortschatz Kapitel 7

Lernen und Prüfungen

die Arbeit, -en _____

in der Schule eine Arbeit schreiben _____

_____

die Disziplin (Singular) _____

die Erholung (Singular) _____

der Prüfer, – _____

das Semester, – _____

der Stoff (Singular) _____

der Trick, -s _____

der Zeitplan, -pläne _____

einen Zeitplan machen _____

_____

belohnen _____

ein|fallen _____

Mir fällt nichts ein. _____

_____

ein|halten _____

Du musst den Zeitplan einhalten. _____

_____

sich entspannen _____

kapieren _____

Ich habe das nicht kapiert. _____

_____

lösen _____

ein Problem lösen _____

motivieren _____

Das motiviert mich. _____

nach|fragen _____

verplanen _____

die Zeit verplanen _____

verschieben _____

gerecht sein _____

Prüfer müssen gerecht sein. _____

_____

konsequent _____

mündlich _____

nervös _____

Beruf Sprache

der Auftrag, -träge _____

der Gebärdendolmetscher, – _____

das Drehbuch, -bücher _____

die Kommunikation (Singular) _____

die Konferenz, -en _____

die Logopädin, -nen _____

der Tagesablauf, -abläufe _____

der Übersetzer, – _____

dolmetschen _____

ein Gespräch dolmetschen _____

_____

faszinieren _____

Sprachen faszinieren mich. _____

_____

abwechslungsreich _____

einsam _____

freiberuflich _____

gehörlos _____

Generationenprojekt

die Generation, -en _____

die Aushilfe, -en _____

Wir suchen eine Aushilfe für unser Café. _____

_____

der Preis, -e _____

Sie haben einen Preis bekommen. _____

_____

die Reportage, -n _____

der Wert (Singular) _____

eine Mini-Präsentation

die Einleitung, -en _____

der Hauptteil, -e _____

der Schluss (Singular) _____

die Gliederung, -en _____

der Punkt, -e _____

Zum ersten Punkt: ... _____

der Zuhörer, – _____

vor|tragen _____

Er trägt die Punkte viel zu schnell vor. _____

_____

andere wichtige Wörter und Wendungen

das Ding, -e _____

Viele Dinge kapiere ich nicht. _____

_____

der Doktor, -en _____

das Gericht, -e _____

im Gericht dolmetschen _____

die Gitarre, -n _____

die Grippe, -n _____

eine Grippe haben _____

das Standesamt, -ämter _____

auf dem Standesamt heiraten _____

die Untersuchung, -en _____

Ich hatte eine Untersuchung beim Doktor. _____

begleiten _____

Ich begleite dich zum Doktor. _____

sorgen (für) _____

für gute Kommunikation sorgen _____

denn _____

Er ist nervös, denn er trinkt viel Kaffee. _____

_____

dringend _____

knapp _____

Die Zeit wird knapp. _____

komplett _____

tief _____

Atme tief durch! _____

ruhig _____

Mach ruhig einen freien Tag! _____

übrigens _____

wichtig für mich

_____

_____

_____

_____

Ergänzen Sie mindestens zwei passende Verben:

den Stoff _____   einen Zeitplan _____

ein Problem _____

Was gehört zu einer Präsentation? Ergänzen Sie die fehlenden Buchstaben.

E__N__EI__UN__   H__UP__TEI__

SCH__U__ __   G__IE__ER__NG

Z__H__ __ER   ZUS__ __ME__F__SS__ __G

8 Sportlich, sportlich!

1 Wortschatz

a Wie heißen die Gegenstände? Notieren Sie.

> die Schneeschuhe • die Yogamatte • der Reithelm • die Taucherbrille • der Gleitschirm • die Sportschuhe

_____ _____ _____

_____ _____ _____

Wortschatz **b** Schreiben Sie die Wörter und Ausdrücke zu den passenden Bildern.

> Paragliding machen • tauchen • die Yogamatte • keine Angst vor Tieren haben •
> durch den Wald reiten • schwimmen • in der Luft sein • der Winter • über eine Mauer klettern •
> der Schnee • Muskeln anspannen und entspannen • die Taucherbrille • einen Yogakurs machen •
> das Pferd • Parkour machen • einen Helm tragen • mit Schneeschuhen wandern •
> die Welt unter Wasser ansehen • ohne Pause laufen • der Schirm

_____ _____ _____

_____ _____ _____

_____ _____ _____

_____ _____ _____

_____ _____ _____

_____ _____ _____

_____ _____ _____

_____ _____ _____

c Wählen Sie eine Aktivität aus 1b und schreiben Sie drei Sätze dazu.
Ihr Partner / Ihre Partnerin rät die Sportart.

Das macht man ...

2

a Welchen Sport machen die Personen? Hören Sie die Umfrage und kreuzen Sie an. Pro Person sind mehrere Antworten möglich.

2.7–11

	Ski fahren	Joggen	Volleyball	Parkour	Schwimmen
Person 1	☐	☐	☐	☐	☐
Person 2	☐	☐	☐	☐	☐
Person 3	☐	☐	☐	☐	☐
Person 4	☐	☐	☐	☐	☐
Person 5	☐	☐	☐	☐	☐

b Machen Sie ein Interview mit Ihrem Partner / Ihrer Partnerin. Notieren Sie Stichpunkte.

1. Welchen Sport machen Sie am liebsten? _____

2. Wann haben Sie das zum ersten Mal gemacht? _____

3. Warum gefällt Ihnen dieser Sport? _____

4. Wie oft machen Sie das? _____

5. Wie viel Geld brauchen Sie für Ihren Sport? _____

6. Welchen Sport finden Sie nicht schön? Warum? _____

c Welchen Sport macht Ihr Partner / Ihre Partnerin aus 2b am liebsten? Schreiben Sie einen Text mit den Antworten aus 2b. Kontrollieren Sie dann den Text von Ihrem Partner / Ihrer Partnerin.

Ich bin Fan von ...

3

Wortschatz

a Ihr Team / Ihr Sportler gewinnt oder verliert. Ordnen Sie die Ausdrücke zu.

Wahnsinn! • Das war großartig! • So was Tolles! • Das kann doch nicht wahr sein. • Da kann man nichts machen. • Ich finde es echt schade. • So viel Pech! • So ein Glück. • Wir sind die Besten! • Oh, wie ist das schön! • Ein wunderbarer Sieg. • Die Niederlage tut weh! • Ich bin so unglücklich.

Wahnsinn! _____

So viel Pech! _____

b Sie sind total glücklich oder total enttäuscht. Schreiben Sie je eine SMS.

4 Zu welcher Ticker-Nachricht passen die Fan-Kommentare? Ergänzen Sie die fehlenden Teile.

> Los geht's! Ein Tipp? Viele sagen: Das Spiel gegen Frankreich wird schwer, aber Deutschland gewinnt 2:1.

| **Allez!!** | Träumt wei__ __ __. Heu__ __ gewinnt Frankr__ __ __ __! |

| 12. Min. | **Tor 0:1 | Es ist passiert: Das erste Tor! Ein schöner Ball von rechts, Ribery ist schneller als Boateng. Keine Chance für Tormann Neuer!** |

| **SimbaII** | Kopf hoch! No__ __ si__ __ 79 Minuten Ze__ __. |
| **Allez!!** | Oh, wie i__ __ das schön. Wa __ __ sinn! |

| 14. Min. | **Riesenchance für Gomez. Aber der Ball geht neben das Tor. So ein Pech!** |

| **SaSo** | Der schie__ __ heute bestimmt ein T __ __! Ganz si __ __ __ __! |

| 45. + 1 | **Halbzeit. Pause. Ein gutes Spiel. Für die deutsche Mannschaft ist noch alles möglich! Sie müssen schneller spielen! Reus kommt für Schürrle ins Spiel, Özil für Gomez. Das war heute nicht sein Tag.** |

| **Fan04** | Feh__ __ __ vom Trai__ __ __! Schürrle wa__ gut. Er i__ __ viel be__ __ __ __ als Reus. |

| 51. Min. | **Sie spielen jetzt wirklich schneller. Besonders die Franzosen. Leider!** |
| | **Tor 1:1 | Herrliche Aktion: Lahm – Müller – Özil ... und der macht den Ball rein! Tor!** |

| **Camacho** | Özil!!! __ __ was T__ __ __ es! |

| 85. Min. | **Das Tor kommt spät. Aber vielleicht geht noch was? Deutschland kann noch gewinnen.** |

| 90. + 2 | **Es ist vorbei. 1:1, ein faires Spiel mit einem gerechten Ergebnis. Keine Mannschaft hat den Sieg verdient.** |

| **Allez!!** | Scha__ __, Frankreich hatte heu__ __ kein Gl__ __ __! |
| **SaSo** | Ke__ __ Sieg, w__ __ __ Gomez ni__ __ __ bis zum Schluss gesp__ __ __ __ hat. |

5

a Was machen echte Fans? Ergänzen Sie *deshalb* oder *trotzdem*.

1. Der Eintritt ins Stadion ist ziemlich teuer, _trotzdem_ kaufen Fans immer Tickets.

2. Fans unterstützen ihre Mannschaft, _____ fahren sie auch zu Spielen in andere Städte.

3. Fans singen beim Spiel Lieder, _____ ist die Stimmung im Stadion gut.

4. Das Spiel ist langweilig, _____ bleiben richtige Fans immer bis zum Schluss.

5. Fans sind stolz auf ihr Team, _____ tragen sie Schals von ihrem Verein.

6. Die Mannschaft hat verloren, _____ sind die Fans traurig.

7. Die Fans fahren enttäuscht nach Hause, _____ tragen sie ihre Schals und singen.

b Setzen Sie die Sätze fort. Verwenden Sie *deshalb* oder *trotzdem*.

1. Clemens ist im Winter gern in der Natur, _deshalb mag er Schneeschuhwandern._
   er / Schneeschuhwandern / mögen / .

2. Viele Leute haben Stress im Beruf, _____
   sie / in der Freizeit / Yoga / machen / .

3. Paragliding ist ziemlich gefährlich, _____
   ich / es / einmal / probieren / möchten / .

4. Parkour muss cool aussehen, _____
   die Jugendlichen / Tricks / trainieren / .

5. Eva ist schon einmal vom Pferd gefallen, _____
   sie / Reiten / ganz toll / finden / .

6. Ines hat schon zwei Tauchkurse gemacht, _____
   sie / immer noch / ein bisschen / Angst / haben / .

c Welche Fortsetzung passt, a oder b? Kreuzen Sie an.

1. Roger Federer hat viele Fans,
   a weil er der beste Tennisspieler ist.
   b deswegen ist er der beste Tennisspieler.

2. Alain sieht alle Spiele von seiner Mannschaft St. Pauli an,
   a trotzdem gewinnt sie nicht oft.
   b aber leider gewinnt sie nicht oft.

3. Shaun White ist der beste Snowboarder,
   a weil er sehr viel Geld verdient.
   b deswegen verdient er sehr viel Geld.

4. Britta Steffen ist sehr bekannt,
   a weil sie bei den olympischen Spielen gewonnen hat.
   b deswegen hat sie bei den olympischen Spielen gewonnen.

5. Sabine Lisicki hat Spaß beim Tennisspielen,
   a trotzdem muss sie jeden Tag viel trainieren.
   b aber sie trainiert jeden Tag.

6. Die Reiterin Hannelore Brenner kann nicht laufen,
   a weil sie eine Goldmedaille bei den olympischen Spielen gewonnen hat.
   b trotzdem hat sie eine Goldmedaille bei den olympischen Spielen gewonnen.

6

a Lesen Sie die drei kurzen Zeitschriften-Artikel. Zu welchem Artikel passen die Ausdrücke? Ordnen Sie zu.

Wenn der Berg groovt

„Meine Lieder brauchen einen guten Text und einen guten Groove", sagt Hubert von Goisern. Er verbindet in seiner Musik Tradition und Rock. Sein jüngster Hit „Brenna tuats!" (= Es brennt) ist die neue Hymne der Goisern-Fans.

Der neue Ski-König

Fast 15 Jahre lang war Didier Cuche der beste Schweizer Skifahrer. In seiner letzten Saison hat er Konkurrenz im eigenen Team bekommen: Beat Feuz. Der alte Ski-König geht, auf den neuen müssen wir nicht warten: Der glückliche Beat ist schon da!

Das Leben der anderen

Was machen Schauspieler? Genau das, sie spielen das Leben von anderen. Martina Gedeck wurde im Film mit diesem Titel international bekannt. Sie spielt eine Schauspielerin in der DDR. Private und politische Probleme bringen ihr Leben durcheinander. Traurig, aber großartig!

1. _____ _____ _____

1. das Konzert in ... sehen   2. den Film sehen   3. der Lieblingssong   4. die Rolle so gut spielen
5. ein fairer Sportler sein   6. ein trauriger Film   7. im Kino weinen
8. tolle neue Lieder   9. super Stimmung machen   10. ein gefährlicher Beruf

b Suchen Sie weitere Informationen zu einer Person aus 6a. Schreiben Sie einen Eintrag für die Fan-Seite. Suchen Sie einen Nicknamen für sich selbst.

(Ihr Nick)	

7

a Was hören Sie? Ergänzen Sie *r* oder *l*.

2.12

1. _L_and
2. __egen
3. __eben

4. __edig
5. __aum
6. __egen

7. __und
8. Ap__il
9. Ge__d

10. b__aun
11. B__use
12. Be__uf

b Sprechen Sie die Wörter.

Auf zum Sport!

8

a **Bringen Sie den SMS-Dialog in die richtige Reihenfolge.**

Ja, da kann ich auch. Wir könnten ins Fitnessstudio gehen. Was hältst du davon?

_____ **A**

Wollen wir nicht lieber schwimmen gehen? Das Wetter ist so schön!

_____ **C**

Hey Conny. Am Freitag kann ich leider nicht. Geht auch Donnerstag?

_____ **E**

Gute Idee, das machen wir! Bis Donnerstag!

_____ **B**

Hallo Sandra, wie geht's? Treffen wir uns am Freitag? LG, Conny

_1._ **D**

b **Hören Sie das Telefongespräch. Richtig oder falsch? Kreuzen Sie an.**

2.13

	richtig	falsch
1. Sandra muss am Donnerstag arbeiten.	☐	☐
2. Conny hat am Samstagvormittag Zeit.	☐	☐
3. Conny und Sandra gehen am Samstag ins Fitnessstudio.	☐	☐
4. Sandra holt Conny um zwei Uhr ab.	☐	☐
5. Sie fahren mit der Straßenbahn ins Fitnessstudio.	☐	☐

9

a **Was gehört zusammen? Ordnen Sie zu.**

1 _____ Darf ich etwas	A einen Ausflug machen.
2 _____ Ich habe da	B vorschlagen?
3 _____ Am Samstag kann	C am Samstag nicht.
4 _____ Das passt	D eine Idee!
5 _____ Leider geht es	E ich leider nicht.
6 _____ Wir könnten am Samstag	F mir sehr gut.

b **Ergänzen Sie den Dialog.**

> Super, das ist eine gute Idee. • Ich glaube, ich habe keine Lust. •
> Ja, das passt mir auch. • Leider geht es am Dienstag nicht.

◆ Was denkst du: Sollen wir am Dienstag joggen gehen?

◇ (1)_____. Hast du am Mittwoch Zeit?

◆ (2)_____. Am Nachmittag?

◇ Ja, gut. Aber Joggen? (3)_____. Wollen wir nicht lieber eine Fahrradtour machen?

◆ (4)_____. Wir können zum See fahren und dort ein Picknick machen.

◇ Okay, das machen wir. Ich rufe dich noch mal an.

c **Lesen Sie die beiden E-Mails von Nina. Schreiben Sie die Antwort auf die erste Mail. Die zweite E-Mail von Nina muss zu Ihrer Antwort passen.**

Hallo _____,
Wir könnten am Samstag zum Reiten gehen. Hast du Lust und Zeit? Oder hast du einen anderen Vorschlag?
Viele Grüße
Nina

Hallo _____,
ja, am Sonntag kann ich auch, aber erst ab vier Uhr. Wir können gern auch Tennis spielen, das ist eine gute Idee. Das haben wir schon lange nicht mehr gemacht ☺.
Bis dann!
Nina

Liebe Nina,

_____

_____

_____

10

a **Was passiert hier? Bilden Sie Sätze zu den Bildern.**

leiht • zeigt • erklärt • bringt

dem Gast • den Männern • die Übung • der Kundin • die Sportschuhe • seiner Schülerin • die Verkäuferin • der Deutschlehrer • den Orangensaft • die Kellnerin • der Trainer • das Buch

1. _____

   _____

3. _____

   _____

2. _____

   _____

4. _____

   _____

b **Schreiben Sie sechs Sätze. Achten Sie auf Dativ und Akkusativ.**

Wer?		Wem?	Was?
Conny	zeigen	die Touristen	das Restaurant
Herr Weber	geben	ihre Freundin	die Stadt
Der Lehrer	leihen	die Leute	das Fahrrad
Die Trainerin	schenken	die Studenten	ein Brief
Frau Korkmaz	empfehlen	ein Mann	ein Kaffee
Das Kind	bringen	seine Frau	die Grammatik
Clemens	schicken	die Familie	eine Sporthose
Ich	erklären	meine Eltern	der Helm

Conny leiht ihrer Freundin eine Sporthose.

c Bringen Sie die Satzteile in die richtige Reihenfolge.

1. den Weg zum Hochseilgarten / können / erklären / euch / wir / .

   Wir können euch den Weg zum Hochseilgarten erklären.

2. du / leihen / mir / kannst / deinen Helm / ?

   _____

3. der Verkäufer / Tickets für das Fußballspiel / anbieten / den Leuten / .

   _____

4. Ihnen / empfehlen / ich / kann / dieses Fitnessstudio / .

   _____

5. die Fotos vom Ausflug / ich / soll / dir / zeigen / ?

   _____

6. Conny / hat / geschenkt / die Sportschuhe / ihrer Freundin / .

   _____

> Lernen Sie Verben
> immer mit den möglichen
> Ergänzungen zusammen:
> _anbieten – dem Kunden ein_
> _Produkt anbieten_

**d Schreiben Sie fünf Sätze wie in 10c. Zerschneiden
Sie die Sätze und vermischen Sie die Teile. Geben
Sie die Teile Ihrem Nachbarn / Ihrer Nachbarin.
Er/Sie ordnet sie zu einem korrekten Satz.**

11

a Wo passen die Pronomen? Markieren Sie.

1. Sandra braucht neue Sportsachen. Wir schenken eine Sporthose zum Geburtstag.   ihr

2. Zwei Freunde wollten Informationen zum Hochseilgarten. Sandra hat sie gegeben.   ihnen

3. Wir haben die Regeln nicht verstanden. Der Trainer hat uns noch mal erklärt.   sie

4. Ich wollte so gern das Foto sehen. Sandra hat mir geschickt.   es

5. Die Schuhe passen super. Conny hat sie geliehen.   mir

b Schon gemacht! Ergänzen Sie die Pronomen.

1. Du musst Conny die Schuhe bringen.

   Ich habe _sie ihr_ schon gebracht.

2. Kannst du Peter die Nummer von Conny schicken?

   Ich habe _____ schon lange geschickt.

3. Hast du deinen Freunden schon den Weg erklärt?

   Ja, ich habe _____ schon erklärt.

4. Bringst du dem Trainer den Helm zurück?

   Ich habe _____ schon gestern zurückgegeben.

5. Du wolltest Sandra doch noch das Buch schenken.

   Ich habe _____ doch schon geschenkt.

ihn • sie • ihr • ihm • es • ihnen • ihm • ihn

Geocaching

12 a Lesen Sie die Forumsbeiträge und ordnen Sie die Überschriften zu.

A Bald bin ich auch dabei.   B Nicht so interessant ...   C Ein tolles Hobby!

	Daddel	_____
		Als Kind musste ich immer mit meinen Eltern wandern gehen. Total langweilig war das ☹. Aber Geocaching finde ich richtig gut! Das macht Spaß und ist viel interessanter als normales Wandern. Und man ist in der Natur und bewegt sich. Man tut also auch noch etwas für seine Gesundheit ;-). Ich kann diese neue Freizeitbeschäftigung nur empfehlen!
	Kekser	_____
		Schon wieder ein neuer Trend! Ich habe das ein paar Mal mit Freunden gemacht. Ganz nett, aber es wird auch langweilig, wenn man es öfter macht. Wir haben auch mal Geocaching im Zoo gemacht. Für die Kinder war das toll. Aber ich gehe lieber wieder „normal" wandern.
	Mimilo	_____
		Ich habe schon öfter etwas über Geocaching gelesen und Freunde haben es auch schon gemacht. Das hört sich spannend an! Ich möchte das unbedingt bald mal ausprobieren, wenn ich mehr Zeit habe. Habt ihr Tipps für einen Anfänger? Danke schon mal! ☺

Suche   Home   Forum   Impressum

_____

_____

_____

_____

b Und Sie? Haben Sie schon mal Geocaching gemacht? Wollen Sie es ausprobieren oder eher nicht? Haben Sie ein anderes Hobby? Schreiben Sie einen kurzen Beitrag im Forum in 12a.

13 a Was machen Touristen? Ordnen Sie die Verben zu. Manchmal gibt es mehrere Möglichkeiten.

1. Sehenswürdigkeiten *recherchieren,* _____

2. Tickets _____

3. im Hotel _____

4. ins Museum _____

5. Informationen _____

6. einen Reiseführer _____

7. einen Spaziergang _____

recherchieren •
bezahlen •
gehen •
besichtigen •
kaufen •
übernachten •
machen •
fotografieren

b Welche interessante Stadt haben Sie besucht? Schreiben Sie einen kurzen Text darüber. Die Ausdrücke in 13a helfen.

Letztes Jahr war ich in Barcelona. Ich habe dort viele Sehenswürdigkeiten ...

Das kann ich nach Kapitel 8

R1 Wie war das Spiel? Wählen Sie eine Situation und schreiben Sie eine E-Mail an einen Freund / eine Freundin.

○ ○ ○

Lieber Marco, heute war ich im Stadion. Das war großartig! ...

	☺☺	☺	😐	☹	KB	AB
✏ Ich kann Begeisterung, Hoffnung, Enttäuschung ausdrücken.	☐	☐	☐	☐	3d, 4	3–4

R2 Ergänzen Sie die Sätze.

1. Jakob mag Beachball, deshalb _____ .

2. Gestern war ich krank, trotzdem _____ .

3. Sport ist gut für die Gesundheit, deshalb _____ .

4. Am Wochenende hat es geregnet, trotzdem _____ .

	☺☺	☺	😐	☹	KB	AB
💬✏ Ich kann Folgen formulieren.	☐	☐	☐	☐	5b, c	5

R3 Arbeiten Sie zu zweit. Verabreden Sie sich für das Wochenende. Was wollen Sie zusammen unternehmen? Wann? Machen Sie Vorschläge und einigen Sie sich.

	☺☺	☺	😐	☹	KB	AB
💬 Ich kann Vorschläge machen und mich verabreden.	☐	☐	☐	☐	8d, 9	9

Außerdem kann ich	☺☺	☺	😐	☹	KB	AB
🎧 ... Umfragen zum Thema „Sport" verstehen.	☐	☐	☐	☐	1c	2b
🎧📖 ... einen Bericht über Geocaching verstehen.	☐	☐	☐	☐	12, 13	12a
💬✏ ... über Sport sprechen und schreiben.	☐	☐	☐	☐	1	1c, 2c
💬✏ ... über wichtige persönliche Gegenstände berichten.	☐	☐	☐	☐	2c	
💬 ... eine Sehenswürdigkeit vorstellen.	☐	☐	☐	☐	13b, c	
📖 ... schwierige Texte verstehen.	☐	☐	☐	☐	12	
📖✏ ... Fan-Kommentare verstehen und schreiben.	☐	☐	☐	☐	6	6
📖✏ ... Forumsbeiträge verstehen und schreiben.	☐	☐	☐	☐		12
✏ ... über den Aufenthalt in einer Stadt berichten.	☐	☐	☐	☐		13

Lernwortschatz Kapitel 8

Sport machen

der Fallschirm, -e _____

der Helm, -e _____

einen Helm tragen _____

die Kondition (Singular) _____

genug Kondition haben _____

die Luft (Singular) _____

in der Luft sein _____

der Muskel, -n _____

Parkour (ohne Artikel) _____

Parkour machen _____

Paragliding (ohne Artikel) _____

das Pferd, -e _____

der Schneeschuh, -e _____

mit Schneeschuhen wandern _____

die Sporthose, -n _____

der Sportschuh, -e _____

die Taucherbrille, -n _____

Yoga _____

die Yogamatte, -n _____

an|spannen _____

entspannen _____

die Muskeln anspannen und entspannen _____

_____

fit _____

nicht fit sein _____

fliegen _____

laufen _____

reiten _____

springen _____

Fallschirm springen _____

tauchen _____

sportlich _____

Fan sein

die Chance, -n _____

der Fan, -s _____

der Fanartikel, – _____

die Mannschaft, -en _____

der Sportler, – _____

das Spiel, -e _____

der Sieg, -e _____

die Niederlage, -n _____

der Star, -s _____

das Tor, -e _____

ein Tor schießen _____

das Vorbild, -er _____

Du bist mein Vorbild! _____

gewinnen _____

verlieren _____

berühmt _____

großartig _____

Das war großartig! _____

toll _____

So was Tolles. _____

wahr _____

Das kann doch nicht wahr sein! _____

_____

sich verabreden

der Vorschlag, Vorschläge _____

einen Vorschlag machen _____

Lust haben _____

Ich habe keine Lust. _____

halten _____

Was hältst du von der Idee? _____

_____

sich verabreden _____

Ich habe mich mit Ines verabredet. _____

_____

vorschlagen _____

Darf ich etwas vorschlagen? _____

einverstanden _____

Ich bin einverstanden. _____

Geocaching

die Aufgabe, -n _____

eine Aufgabe lösen _____

der Baum, Bäume _____

der Behälter, – _____

die Dose, -n _____

das Gelände (Singular) _____

das Grad, -e _____

Temperaturen von 35 Grad _____

die Höhle, -n _____

das Loch, Löcher _____

die Natur (Singular) _____

die Natur nicht kaputtmachen _____

die Pflanze, -n _____

das Plastik (Singular) _____

ein Behälter aus Plastik _____

der Schatz, Schätze _____

die Temperatur, -en _____

das Versteck, -e _____

verstecken _____

einen Schatz verstecken _____

kaputtgehen _____

zu sein _____

Der Behälter ist zu. _____

versteckt _____

wasserdicht _____

andere wichtige Wörter und Wendungen

das Tier, -e _____

keine Angst vor Tieren haben _____

der Wald, Wälder _____

versuchen _____

Versuchen Sie es ohne Wörterbuch! _____

auf _____

Auf zum Sport! _____

deshalb _____

trotzdem _____

wichtig für mich

_____
_____
_____

Welche Sportarten macht man draußen? Notieren Sie zehn Sportarten.

_____
_____
_____

Was passt zusammen? Ordnen Sie zu.

1. einen Helm ___   4. einen Kurs ___   A reiten   D machen

2. die Muskeln ___   5. über eine Mauer ___ B schießen   E anspannen

3. durch den Wald ___   6. ein Tor ___   C klettern   F tragen

9 Zusammen leben

1

a So wohne ich. Ergänzen Sie.

1. In unserem _Gebäude_ gibt es über 100 Wohnungen. Die meisten Leute sehe ich fast nie. Komisch, wenn man seine _Nachbarn_ nicht kennt.

2. Auf dem Wasser wohnen – das ist natürlich sehr speziell. Unser _Hausboot_ ist aber genauso groß wie unsere alte Wohnung.

3. Wir leben auf dem Land und haben viele Tiere. Das Leben auf dem _Bauernhof_ _(Farm)_ bedeutet viel Arbeit, aber es ist toll.

4. In meiner Stadt gibt es 4 Millionen _Einwohner_. Es gibt Kinos, Restaurants, Theater und vieles mehr.

5. Zum Einkaufen fahren wir mit dem Boot. Auf unserer kleinen _Ufer_ gibt es keinen Supermarkt.

6. Unser Haus ist alt und groß. Wir haben hohe _Räume_ und viel _Platz_. Das ist besonders für die Kinder schön.

7. Ich möchte nicht in der Stadt wohnen. In unserem _Dorf_ wohnen nicht viele Leute. Jeder kennt jeden. Das finde ich toll.

8. Meine Wohnung ist nicht so groß, sie hat nur 38 _Quadrametern_. Aber mir gefällt das.

Nachbarn • Einwohner • Insel • Platz • Bauernhof • Hausboot • Gebäude • Räume • Quadratmeter • Dorf

b Was ist wo? Verbinden Sie.

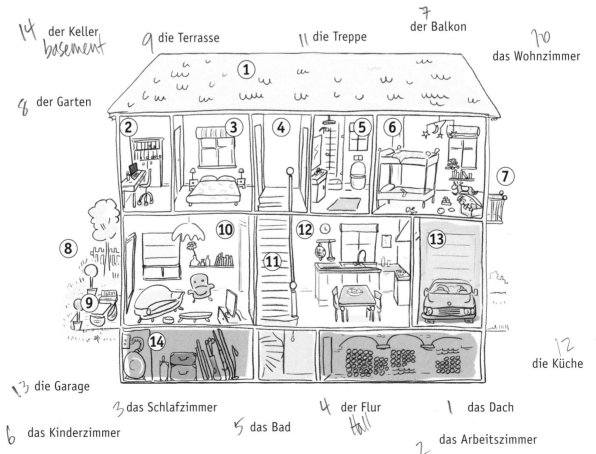

14 der Keller _basement_

9 die Terrasse

11 die Treppe

7 der Balkon

10 das Wohnzimmer

8 der Garten

13 die Garage

3 das Schlafzimmer

4 der Flur _Hall_

1 das Dach

6 das Kinderzimmer

5 das Bad

12 die Küche

2 das Arbeitszimmer

2 a Wohnorte. Lesen Sie den Text und markieren Sie, wo die Personen wohnen. Sind die Aussagen unten richtig oder falsch? Kreuzen Sie an.

Wohnträume

Manche wohnen in der Stadt und träumen von einem Leben auf dem Land,
andere leben in der Natur und vermissen das Stadtleben mit Kino, Theater, Kultur.
Trotzdem sind viele mit ihrer Wohnsituation zufrieden. Aber lesen Sie selbst:

Henry Fichtner

Uns gefällt das Leben am Stadtrand. Wir haben einen Garten und die Kinder können mit ihren Freunden draußen spielen. Hier leben viele Familien. Schön ist auch, dass wir alle Nachbarn gut kennen. Im Sommer grillen wir oft zusammen. Es ist nicht so anonym wie mitten in der Stadt. Ein Nachteil ist, dass ich im Zentrum arbeite und jeden Tag 45 Minuten ins Büro fahren muss.

Karla Paulsen

Ich lebe gern auf dem Land. In unserem Dorf ist es sehr ruhig. Aber ich mag das. Den Stress in der Stadt brauche ich nicht. Die Natur ist wichtig für mich und auf dem Land sind alle Jahreszeiten schön. Leider wohnen meine Kinder jetzt in der Stadt, 80 Kilometer entfernt. Jetzt sehen wir uns nicht mehr so oft, das ist schade. Und wenn ich mal ins Kino gehen will, dann muss ich eine halbe Stunde mit dem Auto fahren.

Lukas Seidler

Ich wohne mitten im Zentrum in der Stadt. Das ist toll, ich kann alles zu Fuß machen oder mit dem Fahrrad. Es ist auch gar nicht so anonym, wie manche Leute immer denken. Ich kenne meine Nachbarn ganz gut. Trotzdem weiß nicht jeder gleich alles über mich, wie im Dorf. Die Mieten sind hier natürlich viel höher als auf dem Land. Manchmal stören mich auch die Autos und der Lärm. Dann träume ich auch von einem Haus auf dem Land.

		richtig	falsch
Am Stadtrand:	1. Henry Fichtner wohnt gern am Stadtrand.	☐	☐
	2. Man weiß nicht viel über die Nachbarn.	☐	☐
	3. Henry Fichtners Weg zur Arbeit dauert nicht lang.	☐	☐
Auf dem Dorf:	4. Auf dem Dorf gibt es nicht so viel Stress wie in der Stadt.	☐	☐
	5. Die Kinder von Karla Paulsen wohnen auch auf dem Land.	☐	☐
	6. Karla Paulsen mag die Natur.	☐	☐
Im Zentrum:	7. Wenn man in der Stadt wohnt, braucht man ein Auto.	☐	☐
	8. In der Stadt bezahlt man mehr Miete als auf dem Land.	☐	☐
	9. Manchmal ist es Lukas Seidler in der Stadt zu laut.	☐	☐

b Machen Sie ein Interview mit Ihrem Partner / Ihrer Partnerin. Wo wohnt er/sie? In der Stadt, am Stadtrand oder auf dem Land? Was gefällt ihm/ihr, was nicht? Machen Sie Notizen und berichten Sie im Kurs.

Die lieben Nachbarn?

3 Sehen Sie die Bilder an und beschreiben Sie die Situation in einer E-Mail.

Ach, Herr Dr. Müller!

Liebe Paula,
ich muss dir unbedingt vom Wochenende berichten. Am Samstag haben wir …
Das war toll, denn …
Plötzlich …, weil …
Aber dann …
Lustig, oder? Ich hoffe, …
Viele Grüße
…

4

Wortschatz

2.14–16

a Hören Sie die Dialoge. Welcher Dialog passt zu welchem Bild?

A _____ B _____ C _____

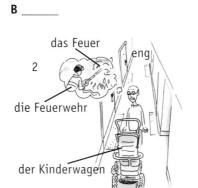

1 der Müll

die Mülltonne

das Feuer

eng

2

die Feuerwehr

der Kinderwagen

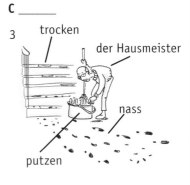

3 trocken

der Hausmeister

nass

putzen

2.14–16

b Hören Sie noch einmal. Welche Ausdrücke hören Sie in welchem Dialog?

1. Jetzt ist schon wieder …   1 ☐ 2 ☐ 3 ☐   6. Na gut, ist nicht so schlimm.   1 ☐ 2 ☐ 3 ☐

2. Das habe ich nicht gewusst.   1 ☐ 2 ☐ 3 ☐   7. Das kommt nicht mehr vor.   1 ☐ 2 ☐ 3 ☐

3. Das wollte ich nicht.   1 ☐ 2 ☐ 3 ☐   8. Schon okay.   1 ☐ 2 ☐ 3 ☐

4. Das tut mir schrecklich leid.   1 ☐ 2 ☐ 3 ☐   9. Ich möchte mich entschuldigen.   1 ☐ 2 ☐ 3 ☐

5. Ich finde es nicht gut, dass …   1 ☐ 2 ☐ 3 ☐   10. Das geht wirklich nicht.   1 ☐ 2 ☐ 3 ☐

c Frau Sammer beschwert sich. Ordnen Sie den Dialog und hören Sie zur Kontrolle.

2.17

_____ A Gut, das verstehe ich natürlich. Das kommt nicht mehr vor. Ich schließe abends jetzt auch ab.

_____ B Kein Problem. Sie wohnen ja erst seit drei Wochen hier, da kann man nicht alles wissen.

_____ C Ja, das machen wir immer so. Man fühlt sich dann sicher, verstehen Sie?

_____ D Entschuldigen Sie, können Sie bitte am Abend ab 21 Uhr immer die Haustür abschließen?
Die war gestern schon wieder offen.

_____ E Ach, wir müssen die Tür abschließen? Das habe ich nicht gewusst.

d Lesen Sie die Beschwerden. Welche Antwort passt? Kreuzen Sie an.

1. ◆ Ich finde es nicht gut, wenn du bis abends um 11 Uhr Gitarre übst. Ich konnte nicht schlafen.
   a ◆ Vergessen wir das.   b ◆ Das wollte ich nicht.
2. ◆ Entschuldigen Sie, hier darf der Kinderwagen nicht stehen. Aber dort ist es nicht so eng.
   a ◆ Das habe ich nicht gewusst.   b ◆ Schon okay.
3. ◆ Sie müssen einmal im Monat das Treppenhaus putzen. Das haben Sie vergessen.
   a ◆ Das tut mir schrecklich leid.   b ◆ Na gut, ist nicht so schlimm.
4. ◆ Ich finde es nicht gut, dass Sie die Plastikflaschen in die normale Mülltonne werfen.
   a ◆ Das finde ich nicht gut.   b ◆ Das kommt nicht mehr vor.

Gute Nachbarschaft

5 Sagen Sie es höflicher. Formulieren Sie Bitten mit *könnte*.

> **Bitte!**
> Bitten und Aufforderungen
> sind höflicher mit „bitte".
> Gibst du mir **bitte** das Wasser?
> Sei **bitte** leise!

1. Hilf mir! _Könntest du mir helfen?_____

2. Könnt ihr mir die Tür aufmachen? _____

3. Geben Sie mir ein Ei! _____

4. Können Sie mir Ihr Fahrrad leihen? _____

5. Ruf mich an! _____

6. Tragt ihr mir das Paket nach oben? _____

6 Was sagen die Personen? Formulieren Sie für jedes Bild drei höfliche Bitten.

Bild 1: Könntest du eine Suppe für mich kochen?

Meine erste Woche

7
Wortschatz
a Wörter zum Thema „Wohnen". Ergänzen Sie die Erklärungen.

> kleine Wohnung • Treppen benutzen • wohnen •
> elektrische Geräte • mit Möbeln • schön machen • Geld bezahlen

renovieren   Eine Wohnung _____ (1): Wände wieder weiß machen und kleine
Reparaturen machen.

vermieten   Jemand erlaubt, dass fremde Menschen in seiner Wohnung _____ (2).
Dafür bekommt er Geld.

mieten   In einer Wohnung wohnen, die einer anderen Person gehört, und dafür _____
_____ (3).

der Strom   Das braucht man für _____ (4).

der Aufzug   In einem Hochhaus mit Aufzug muss man nicht die _____ (5).

das Apartment   Eine _____ (6) mit nur einem oder zwei Zimmern.

möbliert   Eine Wohnung, die man _____ (7) mieten kann.

🔘 2.18   **b** Wohnungstausch. Hören Sie. Wo und wie hat die Familie Urlaub gemacht?

Wo? _____   Wie? _____

🔘 2.18   **c** Hören Sie noch einmal. Welche Aussage passt zum Thema „Urlaub im Hotel", welche zum
Thema „Wohnungstausch"? Kreuzen Sie an.

	Hotel	Wohnungstausch
1. Der Urlaub war sehr schön, aber auch sehr teuer.	☐	☐
2. Die Unterkunft hat nichts gekostet, nur eine kleine Gebühr.	☐	☐
3. Wir haben eine nette Familie kennengelernt.	☐	☐
4. Das Zimmer war immer sauber und ordentlich.	☐	☐
5. Man hat vor dem Urlaub viel Arbeit.	☐	☐
6. Wir mussten viel putzen.	☐	☐
7. Ich habe ein paar private Sachen weggeräumt und musste sie nach dem Urlaub wieder auspacken.	☐	☐
8. Es war so erholsam – wir mussten uns um nichts kümmern!	☐	☐

🔘 2.18   **d** Hören Sie das Gespräch noch einmal zur Kontrolle.

✏️   **e** Möchten Sie Ihre Wohnung tauschen? Schreiben Sie vier bis sechs Sätze.

Tauschen? – Ja!
Wohin?
Wie lange?
Wann?
Wie soll die andere Wohnung sein?

Tauschen? – Nein!
Warum nicht?
Wo machen Sie Urlaub?
Wie: Hotel, Ferienwohnung, Camping, …?

8

a **Ist das ein Mal passiert oder öfter? Lesen Sie die Sätze und kreuzen Sie an.**

	ein Mal	öfter
1. Ich bin letztes Jahr nach Hannover gezogen.	☐	☐
2. Jeden Morgen bin ich zum Bäcker gegangen.	☐	☐
3. Letzte Woche habe ich meinen Schlüssel vergessen.	☐	☐
4. Abends habe ich oft Sport gemacht.	☐	☐
5. An den Wochenenden habe ich meine Freunde in Kassel besucht.	☐	☐
6. Mit 16 Jahren wollte ich in einer großen Stadt leben.	☐	☐

> **als**
> Bei längeren einmaligen Zeiträumen in der Vergangenheit steht *als*.
> **Als** ich in Amerika war, hatte ich …
> **Als** ich 14 Jahre alt war, wollte ich …
> **Als** ich ein Kind war, musste ich …

b **Ergänzen Sie jetzt in den Sätzen *als* oder *wenn*. Ihre Lösungen in Aufgabe 8a helfen.**

1. _Als_ ich letztes Jahr nach Hannover gezogen bin, war alles neu für mich.

2. _Wenn_ ich zum Bäcker gegangen bin, habe ich immer ein Brötchen gekauft.

3. _Als_ ich letzte Woche meinen Schlüssel vergessen habe, hat mir mein Nachbar geholfen.

4. _Wenn_ ich abends Sport gemacht habe, hatte ich danach gute Laune.

5. _Wenn_ ich an den Wochenenden meine Freunde in Kassel besucht habe, hatten wir viel Spaß.

6. _Als_ ich 16 Jahre alt war, wollte ich in einer großen Stadt leben.

c **Ergänzen Sie *als* oder *wenn*.**

1. _____ wir das erste Mal von Wohnungstausch gehört haben, fanden wir das interessant.

2. Immer _____ wir in Urlaub fahren, tauschen wir unsere Wohnung.

3. Oft lernen wir nette Leute kennen, _____ wir den Wohnungstausch planen.

4. _____ wir zum ersten Mal unsere Wohnung mit einer anderen Familie getauscht haben, war das sehr komisch. Jetzt finden wir es ganz normal.

5. Wir haben immer gute Erfahrungen gemacht. Aber _____ meine Frau letztes Jahr im Urlaub sehr krank geworden ist, war es kompliziert. Wir mussten früher nach Hause zurück, aber in der Wohnung war natürlich noch die andere Familie.

d **Schreiben Sie die Sätze in der Vergangenheit mit *als*. Achten Sie auf die Wortstellung.**

1. als / Samuel / in der Schule / sein / , // nicht / studieren / er / wollen / . *(wollte)*

2. seine Eltern / mit ihm / nach Berlin / ziehen / , // als / er / 16 Jahre alt / sein / .

3. als / er / mit der Schule / fertig sein / , // eine Lehre / er / anfangen / . *war / hat es eine Lehre angefangen*

4. er / in eine eigene Wohnung / ziehen / , // als / er / mit der Lehre / fertig sein / . *ist / war*

5. als / er / 22 Jahre alt / sein / , // mit dem Chemiestudium / anfangen / . *war gezogen / hat / angefangen*

> 1. Als Samuel in der Schule war, wollte er nicht …

e **Und Sie? Schreiben Sie Sätze.**

Wenn ich …

1. in einer neuen Stadt sein
2. eine Frage haben
3. etwas nicht verstehen

Als ich …

4. zum ersten Mal umziehen
5. eine neue Adresse haben
6. den Schlüssel verlieren

9

a Suchen Sie die Stadt Dresden auf der Deutschlandkarte vorne im Buch.

b Lesen Sie die Informationen über Dresden und ergänzen Sie das Plakat. Benutzen Sie ein Wörterbuch.

Dresden – Tourismus

Frauenkirche: Bauzeit: 1726 bis 1743, viele Besucher, viele Konzerte – **Semperoper**: Architekt: Gottfried Semper, 3 Mal neu gebaut seit 1838, bekanntes Opernhaus – **Neue Synagoge**: Bauzeit: 1998–2001, moderner Bau – **Kunsthofpassage**: 5 verschiedene Höfe im Stadtteil „Neustadt", viele Restaurants und Cafés, alles kreativ und bunt – **Gelände am Königsufer**: Open-Air-Kino und Konzertbühne für internationale Musikstars

Dresden

Bundesland: Sachsen   **Fläche**: 328,3 km²   **Einwohner**: 529.781 (31. Dez. 2011)

Frauenkirche: Zwischen _____ und _____ (1) hat Georg Bähr das Gebäude gebaut. Nach dem 2. Weltkrieg war die Kirche nur noch ein Berg aus Steinen. 2005 hat man sie wieder aufgebaut. Heute gibt es hier _____ _____ (2) und viele Veranstaltungen (Literaturabende, Konzerte, Gottesdienste …).

In der **Kunsthofpassage** nördlich vom Stadtzentrum gibt es _____ (3) verschiedene Höfe mit vielen Galerien und Läden. Hier ist alles _____ (4) und bunt. Hier kann man ganz besondere und verrückte Dinge kaufen und in vielen _____ _____ (5) Pause machen.

Semperoper: Die Semperoper ist ein _____ (6) Opernhaus. Ihren Namen hat die Oper von ihrem Architekten: _____ _____ (7). Seit _____ (8) musste man das Gebäude _____ (9) Mal neu bauen. Feuer hat es zwei Mal kaputt gemacht. Das heutige Gebäude war 1985 fertig.

Wichtige Wörter:
– der Weltkrieg
– die Synagoge

Neue Synagoge: Ein Architekten-Team hat die neue Synagoge _____ (10) gebaut. Der _____ (11) hat den Preis „Beste Europäische Architektur 2002" bekommen.

Königsufer: Hier kann man …

Himmelsrichtungen:
Die Stadt liegt im Norden/ Osten/… von Deutschland. Ich wohne südlich/westlich/… vom Zentrum.

Norden
Westen — Osten
Süden

10 a Satzakzent: Hören Sie die Sätze und markieren Sie die Akzente.

2.19

1. Wir putzen die Wohnung.
2. Wir putzen heute Nachmittag die Wohnung.
3. Wir haben heute Nachmittag die Wohnung geputzt.
4. Wir haben heute | den ganzen Nachmittag | wieder einmal die Wohnung geputzt.

2.19

b Hören Sie die Sätze noch einmal und summen Sie mit.   *1. hm hm-hm hm HM-hm.*

c Wählen Sie einen Satz und summen Sie ihn Ihrem Partner / Ihrer Partnerin vor. Er/Sie rät.

1. Ich mache dieses Jahr einen Wohnungstausch.
2. Ich möchte nie wieder einen Wohnungstausch machen.
3. Ich möchte nächstes Jahr | mit den Kindern | einen Wohnungstausch machen.

Die Deutschen und ihre Haustiere

11 a Sagen Sie es anders.

1. die kleine Katze   *das Kätzchen*   4. das kleine Haus   _____
2. der kleine Hund   _____   5. der kleine Hut   _____
3. der kleine Tisch   _____   6. das kleine Zimmer   _____

Wortschatz **b Lesen Sie die Anzeigentexte. Was ist das Ziel dieser Pinnwand?** (#2)

goal

1. Haustiere verkaufen #1   3. weniger Haustiere in der Stadt #2
2. für Tiere ein neues Zuhause finden #4   4. mehr Haustiere in der Stadt #3

Tierheim Stadtmitte e.V.
Wer will mich?
Kontakt: 06225–23 23 23 (Frau Zeitz)

1
Ginger ist ein lieber Familienhund. Leider ist seine Besitzerin jetzt schwer krank und kann sich nicht mehr um ihn kümmern. Ginger ist 5 Jahre alt und seit September bei uns im Tierheim. Sie suchen einen kinderlieben, ruhigen Hund? Ginger wartet auf Sie!

2
„Minifant" ist eine ältere Dame: Sie ist schon 17 Jahre alt – aber sie hat noch viele Jahre vor sich! Diese Schildkröte ist sehr pflegeleicht und sie läuft gern frei in der Wohnung herum.

4
„Butzi" hat seine Freundin verloren und sucht ein neues Zuhause. Am liebsten möchte er jemanden, der schon einen Nymphensittich oder andere Vögel hat – Butzi ist nicht gern alleine.

3
Unser Meerschweinchen Judy hat Junge bekommen! Nun suchen wir einen guten Platz für die süßen Kleinen.

c Lesen Sie die Beschreibungen. Welches Tier aus 11b passt zu wem? Eine Person/Familie findet kein passendes Tier und zwei Anzeigen aus 11b bleiben übrig.

A *Familie mit zwei Kindern – alle wollen ein Haustier, aber die Tochter hat eine Allergie auf Tierhaare.* _____

B *Familie mit einem Kind sucht ein kinderliebes Haustier, gern ein größeres Tier. Sie machen gern Ausflüge.* _____

C *Familie mit Bauernhof sucht Pferde, Katzen, Schwäne und Hühner für einen kleinen Kinderzoo am Stadtrand.* _____

12 **a** **Haben Sie das gewusst? Was passt zusammen?**

1. Nur der Mensch _____
2. Hunde _____
3. Elefanten _____
4. Ein Pferd _____

A können keine Farben sehen.

B haben vier Knie.

C kann lächeln.

D kann im Stehen schlafen.

b **Vergleichen Sie Ihre Antworten mit der Lösung. Was hat Sie überrascht? Was nicht? Warum? Schreiben Sie drei Sätze.**

1C, 2A, 3B, 4D

Mich hat überrascht, dass … Ich habe gewusst, …

Tiergeschichten

13 **a** **Lesen Sie den Text. Verbinden Sie die markierten Sätze mit *und, weil* oder *wie*.**

┌ *schwarz*

Lina, 6, Katze, hat in den letzten 17 Monaten 240 km von Braunschweig bis nach Berlin zurückgelegt. Niemand weiß: Wie hat die Katze den Weg gefunden? (1) Im Herbst 2010 hat man Lina von Berlin nach Braunschweig gebracht. Das Tierheim in Berlin war voll. (2) Jetzt ist sie wieder zurück in Berlin. Sie ist gesund und munter. Sie wartet auf ein neues Zuhause. (3)

1. Niemand weiß, wie …
2. …

b **Lesen Sie den Text noch einmal. Wo können Sie Adjektive ergänzen? Markieren Sie.**

c **Schreiben Sie den Text mit Adjektiven. Verwenden Sie auch die Wörter *dann* und *plötzlich* und variieren Sie die Satzanfänge.**

Lina, eine schwarze Katze, hat … Plötzlich war Lina …

14 **Schreiben Sie eine Geschichte zu den Bildern.**

Wortschatz

die Kuh

der Zaun

springen

die Terrassentür

das Glas

der Tierarzt

eine Pause machen

das Spiegelbild

Das kann ich nach Kapitel 9

R1 Arbeiten Sie zu zweit. Schreiben Sie einen Dialog zu der Situation und spielen Sie ihn vor.

		☺☺	☺	😐	☹	KB	AB
✎	Ich kann mich beschweren und mich entschuldigen.	☐	☐	☐	☐	3–4	4

R2 Hören Sie die Bitten. Was ist höflich, was sehr höflich? Kreuzen Sie an.

🎧 2.20

	höflich	sehr höflich		höflich	sehr höflich
Bitte 1	☐	☐	Bitte 3	☐	☐
Bitte 2	☐	☐	Bitte 4	☐	☐

		☺☺	☺	😐	☹	KB	AB
👂	Ich kann höfliche Bitten verstehen.	☐	☐	☐	☐	5	

R3 Ergänzen Sie die Sätze mit *als* oder *wenn*.

1. Als ich 6 Jahre alt war, ...
2. Ich war glücklich, als ich ...
3. Immer wenn ich mit meinen Eltern im Urlaub war, ...
4. ..., war ich zum ersten Mal in ...
5. ..., musste ich immer lachen.
6. ..., habe ich jemand gefragt.

		☺☺	☺	😐	☹	KB	AB
💬	Ich kann über Vergangenes berichten.	☐	☐	☐	☐	8d, 9	8e

Außerdem kann ich	☺☺	☺	😐	☹	KB	AB
👂 ... Erfahrungsberichte verstehen.	☐	☐	☐	☐	2a	7b
👂 ... ein Gespräch über Haustiere verstehen.	☐	☐	☐	☐	11	
💬✎ ... auf Informationen reagieren.	☐	☐	☐	☐	12c	12
💬✎ ... um etwas bitten.	☐	☐	☐	☐	5–6	5–6
💬 ... über Haustiere sprechen.	☐	☐	☐	☐	11c, 12	
📖 ... Erfahrungsberichte verstehen.	☐	☐	☐	☐	7	
📖✎ ... einen Zeitschriftenartikel verstehen.	☐	☐	☐	☐	12b	2a
✎ ... eine Situation in einer E-Mail beschreiben.	☐	☐	☐	☐		3
✎ ... einen kurzen Bericht schreiben.	☐	☐	☐	☐		7e
✎ ... eine kurze Geschichte schreiben.	☐	☐	☐	☐	14	14
✎ ... eine Geschichte korrigieren.	☐	☐	☐	☐	13	13

Lernwortschatz Kapitel 9

Wohnformen

das Apartment, -s _____

der Bauernhof, -höfe _____

das Dorf, Dörfer _____

der Einwohner, – _____

Berlin hat 4 Millionen Einwohner. _____

_____

die Ferienwohnung, -en _____

das Hausboot, -e _____

der Platz (Singular) _____

viel Platz haben _____

der Stadtrand, -ränder _____

am Stadtrand wohnen _____

bauen _____

ein Haus bauen _____

gehören _____

Die Wohnung gehört mir. _____

bewohnt _____

entfernt _____

6 km vom Dorf entfernt _____

im Gebäude

der Aufzug, Aufzüge _____

das Dach, Dächer _____

der Eingang, Eingänge _____

der Keller, – _____

der Strom (Singular) _____

das Treppenhaus, -häuser _____

der Quadratmeter, – _____

Die Wohnung hat 50 Quadratmeter. _____

renovieren _____

vermieten _____

Die Wohnung für 350 Euro vermieten. _____

eng _____

möbliert _____

Die Wohnung ist möbliert. _____

mit Nachbarn sprechen

die Bitte, -n _____

eine Bitte haben _____

der Briefkasten, -kästen _____

den Briefkasten leeren _____

das Feuer (Singular) _____

die Feuerwehr (Singular) _____

der Hausmeister, – _____

die Haustür, -en _____

der Kinderwagen, – _____

der Konflikt, -e _____

der Müll (Singular) _____

die Mülltonne, -n _____

die Ordnung (Singular) _____

Das ist schon in Ordnung! _____

das Päckchen, – _____

ein Päckchen annehmen _____

ab|stellen _____

das Fahrrad im Hof abstellen _____

sich beschweren _____

erlauben _____

Erlauben Sie, dass wir grillen? _____

gießen _____

die Blumen gießen _____

putzen _____

das Treppenhaus putzen _____

stören _____

Das stört mich. _____

stinken _____

leise _____

trocken _____

Das Treppenhaus ist noch nicht trocken. _____

_____

verboten _____

Grillen ist hier verboten. _____

_____

der Umzug

an|melden ↔ ab|melden _____

Ich muss mich offiziell anmelden. _____

_____

ein|ziehen _____

packen _____

sich verabschieden _____

sich verirren _____

Ich habe mich im Zentrum verirrt. _____

_____

Tiere

die Ente, -n _____

der Fisch, -e _____

das Haustier, -e _____

der Hund, -e _____

die Katze, -n _____

die Kuh, Kühe _____

das Schwein, -e _____

der Schwan, Schwäne _____

der Vogel, Vögel _____

bellen _____

Der Hund bellt. _____

füttern _____

die Katze füttern _____

wichtig für mich

_____

_____

_____

Welche Räume gibt es in einem Haus? Notieren Sie.

_____

_____

_____

_____

andere wichtige Wörter und Wendungen

der Bleistift, -e _____

die Breite, -n _____

die Fläche, -n _____

der Haushalt, -e _____

die Insel, -n _____

die Länge, -n _____

die Spülmaschine, -n _____

der Strand, Strände _____

die Wolke, -n _____

aus|geben _____

Geld ausgeben _____

merken _____

Entschuldigung, das habe ich nicht gemerkt. ____

_____

sich unterhalten _____

versprechen _____

elektrisch _____

genial _____

zufällig _____

etwas _____

Hier ist alles etwas kleiner als in der Stadt. ____

_____

kaum _____

Wir haben uns kaum gesehen. _____

Hören: Teil 3 – Ein Gespräch verstehen

1 **Was können Sie schon? Kreuzen Sie an:**

Ich kann ...

☐ ... Informationen zu Personen und über bekannte Themen verstehen.

☐ ... ein längeres Gespräch zu bekannten Themen verstehen.

> Sie hören in der Prüfung (Hören: Teil 3) ein längeres Gespräch zwischen zwei Personen. Sie ordnen bestimmte Informationen anderen Informationen zu, z.B.: An welchen Orten sind die Personen? Oder: An welchen Tagen machen die Personen etwas? Drei Informationen (bei a bis i) passen nicht. Sie hören den Text zweimal.

2 **a Lesen Sie die Stichpunkte. Ordnen Sie die Bilder zu. Ein Bild fehlt.**

a Haus am Meer   f Städtereise

b zu Hause   g Schiffsreise

c bei Verwandten   h Wandern an der Donau

d auf dem Campingplatz   i Hotel auf einer Insel

e in den Bergen

> Vor dem Hören haben Sie Zeit und können die Aufgaben lesen. Lesen Sie die Aufgaben sorgfältig. Stellen Sie sich die Situation möglichst genau vor.

b **Urlaub machen. Hören Sie einen Ausschnitt aus dem Gespräch und notieren Sie: Welche Orte hören Sie?** (2.21)

Tante: _____   Großeltern: _____   Kai: _____

c **Lesen Sie den Ausschnitt aus dem Gespräch und markieren Sie die richtigen Lösungen. Streichen Sie dann die falsche Lösung in 2b durch und notieren Sie unten in der Tabelle den passenden Buchstaben aus 2a.**

◆ Sag mal, und deine Tante, was macht die denn dieses Jahr?

◆ Sie fährt dieses Jahr zu ihrer Schwester aufs Land. Letztes Jahr waren wir doch mit dem Zelt zusammen in England unterwegs und da hat es die ganze Zeit geregnet. Jetzt hat sie irgendwie keine Lust auf große Reisen und besucht lieber gemütlich die Familie.

◆ Na, hoffentlich hat sie hier Glück mit dem Wetter. Und deine Großeltern?

◆ Die planen schon lange eine Wandertour in den Alpen. Sie waren jeden Sommer an der Ostsee in unserem Ferienhaus, aber dieses Jahr wollten sie etwas anderes machen.

◆ Toll, dann ist ja euer Ferienhaus frei!

◆ Nein, da fährt mein Bruder Kai hin. Er will dann auch noch ...

Wo machen die Personen Urlaub?

	Beispiel	1	2	3	4	5
Person	Eltern	Tante	Großeltern	Kai	Kinder	Sabine
Lösung	i					

> In der Prüfung: Machen Sie beim ersten Hören Notizen auf Ihren Prüfungsblättern. Kontrollieren Sie beim zweiten Hören jede Lösung genau. Oft gibt es zwei ähnliche Informationen, aber nur eine Information stimmt. Notieren Sie dann die Lösung auf dem Antwortbogen.

3 Die Prüfungsaufgabe

2.22–23

> ### Teil 3
>
> Sie hören ein Gespräch. Zu diesem Gespräch gibt es fünf Aufgaben.
> Ordnen Sie zu und notieren Sie den Buchstaben. Sie hören den Text **zweimal**.
>
> **Was macht die Reisegruppe wann?**
>
> ### Beispiel
>
> **0** *Sonntag* c Stadtspaziergang bei Nacht
>
> | | 0 | 1 | 2 | 3 | 4 | 5 |
> |---|---|---|---|---|---|---|
> | Tag | *Sonntag* | *Montag* | *Dienstag* | *Mittwoch* | *Donnerstag* | *Freitag* |
> | Lösung | *c* | | | | | |
>
> | | | | |
> |---|---|---|
> | a Kunstausstellung ansehen | d Tour mit dem Fahrrad | g Theaterbesuch |
> | b Stadtmuseum besuchen | e Einkaufen in der Stadt | h allein die Stadt entdecken |
> | c Stadtspaziergang bei Nacht | f Fahrt nach Potsdam | i Ausflug zum Wannsee |

Schreiben: Teil 2 – Eine kurze Mitteilung schreiben

4 Was können Sie schon? Kreuzen Sie an:

Ich kann ...

☐ ... Informationen geben und darauf reagieren.   ☐ ... einfache E-Mails schreiben.

☐ ... Fragen stellen.

> In der Prüfung (Schreiben: Teil 2) schreiben Sie eine kurze Mitteilung (z. B. eine Bitte an einen Freund /
> eine Freundin oder einen Kollegen / eine Kollegin). Sie bekommen auf dem Aufgabenblatt vier Inhalts-
> punkte. Aus diesen vier Inhaltspunkten wählen Sie drei aus und schreiben in Ihrer Mitteilung etwas dazu.
> Nicht vergessen: Zur Mitteilung gehören auch Anrede und Gruß.

5 a Eine E-Mail. Bringen Sie die Sätze in eine passende Reihenfolge.

```
⊗ ⊖ ⊙                                                          ⬭

____ vielen Dank für deine Nachricht.

____ Ich freu' mich schon.

____ Ich hole dich natürlich ab.

____ Hallo Iris,

____ Sag mir doch bitte noch, wie lange du bleiben kannst und was du gerne isst …

____ Toll, dass du nach Hannover kommst! Wann kommt dein Zug an?

____ Viele Grüße

       Mona
```

b Wie können Sie noch sagen? Ergänzen Sie und sammeln Sie Anreden und Grußformeln.

informell	formell
Hallo Iris, Hallo Thomas,	*Sehr ...* _____
Liebe ... _____	_____
Viele Grüße!	
_____	Mit _____

> *du* oder *Sie*?
> Lesen Sie die Situation und entscheiden Sie sich für die richtige Anrede. Schreiben Sie dann entweder nur *du (dich/dir/dein)* oder nur *Sie (Ihnen/Ihr)*. Kontrollieren Sie am Ende noch einmal: Haben Sie immer nur *du* oder *Sie* verwendet?

c Lesen Sie die Situation und die Inhaltspunkte. Wählen Sie drei Inhaltspunkte und notieren Sie dazu je zwei passende Fragen oder Aussagen für eine Mitteilung. Vergleichen Sie dann mit den Lösungsbeispielen unten.

Sie bekommen eine E-Mail von Ihrem Kollegen Samuel. Er möchte am Wochenende einen Ausflug mit Ihnen und anderen Freunden machen. Er fragt, ob Sie mitkommen.

Zeit	*Ort*
jemanden mitbringen	*Essen*

> **drei Inhaltspunkte auswählen**
> Welchen Inhaltspunkt finden Sie schwer/kompliziert oder verstehen Sie nicht? → Lassen Sie ihn weg.

Zeit: Wann möchtest du losfahren? / Wie lange dauert der Ausflug? / Ich muss um 18 Uhr zu Hause sein. **Ort:** Wohin möchtest du fahren? / Wir können nach ... fahren. / Kennst du ...? / Dort gibt es tolle Sehenswürdigkeiten. **Jemanden mitbringen:** Mein Bruder ist gerade zu Besuch. Kann er mitkommen? **Essen:** Soll/Muss ich Essen mitnehmen? / Ich möchte in ein Restaurant gehen. / Bringst du Essen und Trinken mit?

d Schreiben Sie mit den Sätzen aus 5c eine Mitteilung an Samuel. Tauschen Sie dann den Text mit Ihrem Partner / Ihrer Partnerin. Korrigieren Sie die Texte mit der Checkliste.

☐ drei Inhaltspunkte? ☐ Anrede und Gruß? ☐ *du* oder *Sie*? ☐ Verbposition? ☐ Rechtschreibung?

6 Die Prüfungsaufgabe

> Sie bekommen eine Nachricht von Ramona. Sie kennen Ramona aus dem Deutschkurs. Sie schreibt, dass sie am 18. Mai ihren Geburtstag feiert. Ramona lädt Sie ein und fragt, ob Sie kommen.
> Antworten Sie. Hier finden Sie vier Punkte. Wählen Sie **drei** aus.
> Schreiben Sie zu jedem dieser drei Punkte ein bis zwei Sätze (circa 40 Wörter).
> Vergessen Sie nicht den passenden Anfang und den Gruß am Schluss.

jemanden mitbringen	*Ort und Wegbeschreibung*
Uhrzeit	*Geschenk*

Sprechen: Teil 2 – ein Alltagsgespräch führen

7 **Was können Sie schon? Kreuzen Sie an:**

Ich kann ...

☐ ... einfache Fragen zu einem Thema stellen.   ☐ ... Informationen geben.

☐ ... auf Fragen antworten.   ☐ ... ein einfaches Gespräch führen.

> In der Prüfung (Sprechen: Teil 2) formulieren Sie drei Fragen zu einem Thema und antworten auf drei Fragen von Ihrem Partner / Ihrer Partnerin. Jeder bekommt zwei Fragekarten mit einem Fragewort, manchmal auch mit einem Verb oder dem Anfang von einer Frage. Formulieren Sie mit jeder Karte eine Frage. Außerdem bekommt jeder ein drittes Kärtchen mit einem Fragezeichen. Dazu können Sie eine Frage frei formulieren.

8 **a** **Wählen Sie ein Thema aus und notieren Sie drei W-Fragen. Fragen Sie Ihren Partner / Ihre Partnerin. Er/Sie antwortet. Tauschen Sie danach die Rollen.**

Wo arbeitest du? ...

Arbeit   Schule   Freizeit

b **Wählen Sie ein neues Thema aus 8a. Notieren Sie jeweils zwei Fragen zu jedem Fragekärtchen. Vergleichen Sie zu zweit und formulieren Sie Antworten für alle Fragen.**

Wo ...?	Mit wem ...?	... fahren ...?
Wie ...?	Was ...?	... aufstehen ...?

> **!** Ihre Fragen sollten nicht immer gleich formuliert sein, z.B. „Wann *machst du Sport*?" und „Wo *machst du Sport*?". Das kann in der Prüfung einen Punkteabzug geben.

9 **Die Prüfungsaufgabe**

Ein Alltagsgespräch führen. Sprechen Sie mit Ihrem Partner / Ihrer Partnerin.

Thema: Urlaub
Wann ...?
Thema: Urlaub
Wohin ...?
Thema: Urlaub
... essen ...?
Thema: Urlaub
... ?

¿ ... ?
Thema: Urlaub
... schlafen ... ?
Thema: Urlaub
Wie viele ... ?
Thema: Urlaub
Mit wem ... ?
Thema: Urlaub

10 Gute Unterhaltung!

1 a Welches Wort passt nicht? Streichen Sie.

die Schicht – ~~shift~~, time period of work

1. der Film	die Rolle	der Hauptdarsteller	~~das Konzert~~
2. das Schloss	~~der Sänger~~	das Gebäude	die Kirche
3. ~~das Kino~~	der Musiker	das Konzert	das Album
4. der Autor	~~der Solist~~	der Bestseller	der Roman
5. die Oper	das Orchester	der Chor, *den Choral*	~~das Interview~~

b Schreiben Sie die Wörter ins Rätsel. Wie heißt das Lösungswort?

1. Tom Hanks ist ein ganz bekannter ... , er hat schon viele tolle Rollen gespielt.
2. Gudruns Hobbys sind Musik und Singen, deshalb singt sie auch in einem ... .
3. Auf dem Konzert hat Herbert Grönemeyer viele bekannte ... gesungen.
4. Der Roman „Das Parfum" erzählt eine interessante ... .
5. In der Oper gibt es Sänger, einen Chor und ein ... .
6. Patrick Süskind hat den Roman „Das Parfum" geschrieben, also ist er der ... .
7. Der Film „Cloud Atlas" hat sehr viel Geld gekostet. Das ... war 100 Millionen Euro.
8. Jedes Jahr besuchen viele ... aus der ganzen Welt das Schloss Neuschwanstein.

Crossword filled in:
1. S c h a u s p i e l e r / H a u p t d a r ...
2. C h o r
3. l i e d e r
4. G e s c h i c h t e
5. O r c h e s t e r
6. A u t o r
7. B u d g e t *(in German, pronounced (boo-jay))*
8. T o u r i s t e n

In einer Oper sind sie die Hauptdarsteller: die ___Solist___ .

c Machen Sie ein Interview mit Ihrem Partner / Ihrer Partnerin. Wählen Sie fünf Fragen. Notieren Sie die Antworten.

1. Welchen Film haben Sie mehrmals angesehen? Wie oft?
2. Welcher Film war am spannendsten?
3. Bei welchem Film haben Sie am meisten gelacht?
4. Haben Sie bei einem Film geweint? Wenn ja, bei welchem?
5. Welches Gebäude gefällt Ihnen am besten?
6. In welchem Gebäude möchten Sie am liebsten leben?
7. Welches Buch hat Ihnen gut gefallen?
8. Was ist Ihr Lieblingssong / Ihr Lieblingsalbum?
9. Wie oft ungefähr haben Sie Ihren Lieblingssong / Ihr Lieblingsalbum gehört?
10. Haben Sie eine Lieblingsoper? Welche?

d Schreiben Sie mit den Antworten einen Text über Ihren Partner / Ihre Partnerin.

... hat den Roman „2666" von Roberto Bolano gelesen, über 1 100 Seiten! Am meisten hat sie ...

2

Wortschatz

a **Architektur. Lesen Sie die Stichworte zu den Bauwerken. Kreuzen Sie dann an: richtig oder falsch?**

Amphitheater Trier
Die größte historische Arena in Deutschland, über 1 800 Jahre alt; gebaut in der Römerzeit (ca. 150–200 n. Chr.), damals Platz für 18 000 Zuschauer; heute jeden Sommer Römerspiele, auch Konzerte von bekannten Sängern und Bands, etwa Tim Bendzko.

Der Berliner Fernsehturm
Das höchste Gebäude in Deutschland, 368 m hoch, im historischen Zentrum Berlins; gebaut von 1965 bis 1969, Terrasse und Restaurant in 200 m Höhe, über eine Million Besucher pro Jahr; man kann auf dem Fernsehturm auch heiraten.

Die Elbphilharmonie
1963 neues Lagerhaus im Hamburger Hafen, v. a. für Kakao und Kaffee aus Afrika und Lateinamerika; 2007 beginnt der Umbau zum modernsten Konzerthaus Deutschlands; es entstehen drei Konzertsäle, ein Hotel und Restaurants.

> **Abkürzungen**
> v. a. = vor allem
> v./n. Chr. = vor/nach Christus
> m = Meter

	richtig	falsch
1. Die größte historische Arena in Deutschland ist fast 1 800 Jahre alt.	☐	☐
2. In der Arena von Trier gibt es an 150 Tagen im Jahr Römerspiele.	☐	☐
3. Auf dem Berliner Fernsehturm kann man essen und trinken.	☐	☐
4. Die Elbphilharmonie war früher ein Lagerhaus.	☐	☐
5. Die Elbphilharmonie ist seit 2007 fertig.	☐	☐

2.24–26

b **Hören Sie die Gespräche. Was sagen die Personen? Kreuzen Sie an.**

1. Lars findet,
   - a dass das Amphitheater nicht besonders schön oder interessant ist.
   - b dass das Amphitheater ganz toll und faszinierend ist.

2. Bei den Römerspielen
   - a gibt es Shows ohne moderne Technik, wie vor 2000 Jahren.
   - b verwendet man die Technik von heute.

3. Tina erzählt,
   - a dass sie im Restaurant auf dem Fernsehturm gut und günstig gegessen hat.
   - b dass sie sich nach dem Besuch besser in Berlin orientieren konnte.

4. Jens mag die Elbphilharmonie,
   - a denn er findet neue Architektur toll.
   - b weil es dort schöne Konzerte gibt.

Welche Karten nehmen wir?

3

a Musik beim Autofahren. Ergänzen Sie die Gesprächsausschnitte. Achten Sie bei den Verben auf die richtige Form. Vergleichen Sie dann mit Ihrem Partner / Ihrer Partnerin und lesen Sie die Gespräche zu zweit.

finden ~~hören~~ ~~ich~~ ~~Idee~~ ~~lustig~~ ~~möchten~~ ~~mich~~ ~~sein~~ ~~suchen~~ ~~mögen~~ Musik ~~nicht~~ ~~schlecht~~ ~~Radio~~

◆ Mach doch mal das _Radio_ (1) an.
◆ Ja, das ist eine gute _Idee_ (2).
◆ Ach nee. Können wir nicht was anderes _hören_ _Musik_ (3)?
◆ Wieso, das _ist_ (4) doch guter Rock.
◆ Aber beim Fahren nervt _hört mich_ (5) das.
◆ Okay, ich _suche_ (6) schon weiter.
◆ Hör mal, das finde _ich_ (7) gut.
◆ Echt? Ich _mag_ (8) das nicht, Jazz ist nicht so mein Ding. Kann ich andere Musik _mich_ (9) suchen?

◆ Ja klar. Wir müssen das _nicht_ (10) hören.
◆ Das ist okay, oder?
◆ Ja, das ist nicht _schlecht_ (11). Aber es ist so _lustig_ (12), wenn du Musik suchst.
◆ Haha. Dann suche ich weiter.
◆ Na, das ist doch cool, richtige Chill-Musik. Wie _findest_ (13) du Trip-Hop beim Autofahren? Geht das?
◆ Ja, das ist cool, das _möchte_ (14) ich hören.

b Welche Frage passt? Kreuzen Sie an.

1. ◆ Hier sind die CDs. ☐ Was für eine [X] Welche CD gehört dir?
   ◆ Die von Annett Louisan.

2. ◆ Da ist das aktuelle Kinoprogramm. ☐ Welchen ☐ Was für einen Film möchtest du sehen?
   ◆ Oh, gehen wir doch in „Lorax". Der ist so süß.

3. ◆ Kannst du mir ein Buch empfehlen?
   ◆ ☐ Welche ☐ Was für Bücher liest du denn gern?
   ◆ Am liebsten schöne Romane, nicht zu lang.

4. ◆ Kann ich Musik anmachen?
   ◆ ☐ Welche ☐ Was für Musik möchtest du hören?
   ◆ Ist ganz egal. Mach einfach das Radio an.

> **Was für ein/eine ...?**
> Offene Frage – Antwort mit *ein/eine ...*
>
> **Welch- ...?**
> Frage nach schon Bekanntem / nach der Auswahl – Antwort mit *der/das/die ...*
>
> Achten Sie auf die richtige Form: Was für ein**en** Song hörst du gerade? – Ein**en** romantischen (Song).
> In welch**em** Kino läuft „Cloud Atlas"? – I**m** „Filmpalast".

c *Was für ein/eine ...* oder *Welch-*? Ergänzen Sie in der richtigen Form.

1. _Was für ein_ Buch suchen Sie? – Einen schönen Roman für den Urlaub.
2. _____ Buch lesen Sie da gerade? – Den neuen Roman von Herta Müller.
3. _____ Sänger finden Sie am besten? – Wen wohl? Bruce Springsteen.
4. _____ Karte soll ich denn kaufen? – Nimm einfach einen Stehplatz!
5. _____ Termin möchten Sie, Freitag oder Samstag? – Samstag, bitte.
6. Bei _____ Film hatten Sie im Kino richtig Spaß? – Bei *Ice Age*.

4
Wortschatz

a Suchen Sie die Begriffe in den Dokumenten. Markieren Sie die Wörter.

> der Rabatt • überweisen • die Kasse • die Mehrwertsteuer (MwSt) • netto • die Quittung • das Konto • bar

---

Rechnungsnummer: 2160-581503
Rechnungsdatum 28. Juni 2013

Stk	Artikel	Einzelpreis	Gesamtpreis
2	Ticket Kategorie 3	58,00 €	116,00 €

Gesamtbetrag **116,00 €**

Enthält 7 % MwSt   8,12 €
Nettopreis   107,88 €

Bitte überweisen Sie den offenen Betrag bis zum
12. 7. 2013 auf unser Konto.

Konto   802 413 595
Bankleitzahl   35312
Handelsbank

QUITTUNG

DVD Die Fälscher
(Regie Stefan Ruzowitzky)   9.99
Rabatt für Mitarbeiter   – 2.50

Summe   EUR   7.49
Bar   EUR   10.00

ZURÜCK (bar)   EUR   2.51
Betrag enthält 7 % MwSt   0.52
netto   6.97

2012-07-13 – 14:29 Uhr
Es bediente Sie Jonas Heinzle an Kasse 2.

---

b Welches Wort aus 4a passt? Ergänzen Sie.

1. Sie können den Betrag mit Kreditkarte oder _____ bezahlen.

2. Ich muss heute die Rechnung bezahlen. Ich muss das Geld _____.

3. Ich überweise dir das Geld auf dein _____, wenn du mir deine Kontonummer und die Bankleitzahl gibst.

4. Ich habe an der _____ bezahlt und meine Tasche dort vergessen.

5. Bei uns im Geschäft bekommen die Mitarbeiter 25 Prozent _____. Bei euch auch?

6. Wie viel hat das gekostet? – Warte, hier hab ich die _____: 18,90 Euro.

7. In unseren Preisen ist die _____ von 19 Prozent schon enthalten.

8. Der Preis ist _____, also ohne Mehrwertsteuer. Die kommt noch dazu.

2.27

c Konzertkarten kaufen. Welche Antwort passt? Kontrollieren Sie mit der CD.

1. _____ Guten Tag, was kann ich für Sie tun?

2. _____ Da gibt es zwei Termine, am 15. und am 16. Juni.

3. _____ Was für Plätze möchten Sie denn gern? Kennen Sie die Stadthalle?

4. _____ Ja, da haben Sie Glück. Ein paar Tickets haben wir noch. Und dann gibt's noch Sitzplätze auf der Galerie.

5. _____ Ja, das finde ich auch. Also dann, zwei Stehplätze für das Konzert von „2raumwohnung" am Freitag, dem 15. Juni. Ist das richtig?

6. _____ Macht zusammen 82 Euro. Wie möchten Sie denn bezahlen?

7. _____ Dann brauch' ich hier noch Ihre Unterschrift. Und da sind die Karten und Ihre Quittung. Vielen Dank. Auf Wiedersehen.

A Ja, genau.

B Ja, ich weiß. Ich brauche Karten für Freitag, den 15.

C Ich möchte zwei Karten für das Konzert von „2raumwohnung".

D Vielen Dank. Wiedersehen!

E Mit der Kreditkarte, bitte. Hier.

F Ja, schon. Ich möchte zwei Stehplätze. Gibt es die noch?

G Nein, nein, ich möchte stehen. Da ist die Stimmung viel besser.

d Was passt zusammen? Verbinden Sie.

1 Es ist so laut hier. Können Sie bitte   A das noch mal langsamer sagen, bitte?

2 Es tut mir leid, das habe ich leider   B ein bisschen lauter sprechen?

3 Das war zu schnell. Können Sie   C wiederholen?

4 Entschuldigung, können Sie das bitte   D wie viel kostet eine Karte?

5 Ich hab den Preis nicht verstanden,   E nicht verstanden. Bitte noch mal.

Das Konzert

5

a Ergänzen Sie *man, jemand* oder *niemand*.

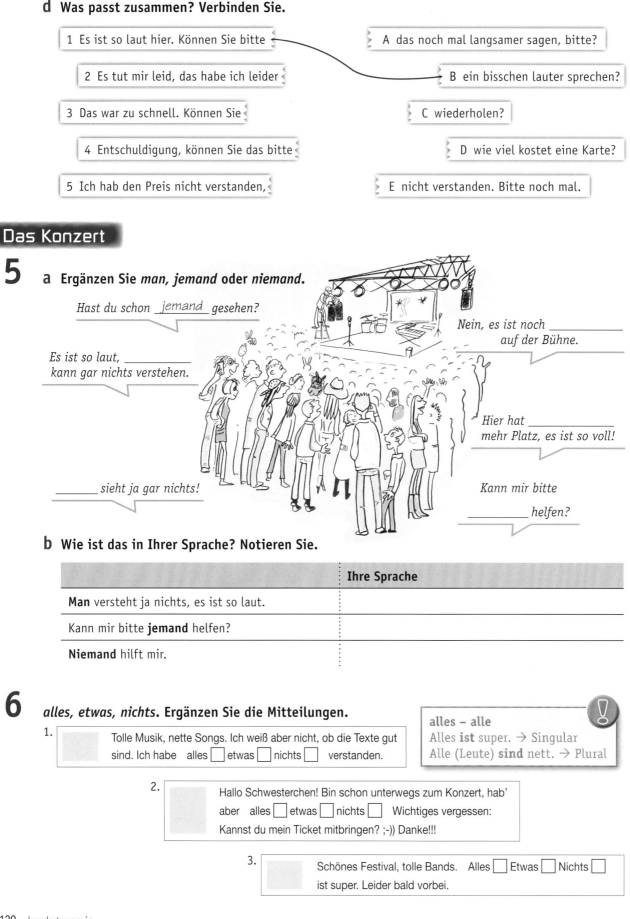

Hast du schon _jemand_ gesehen?

Es ist so laut, _____ kann gar nichts verstehen.

_____ sieht ja gar nichts!

Nein, es ist noch _____ auf der Bühne.

Hier hat _____ mehr Platz, es ist so voll!

Kann mir bitte _____ helfen?

b Wie ist das in Ihrer Sprache? Notieren Sie.

	Ihre Sprache
Man versteht ja nichts, es ist so laut.	
Kann mir bitte **jemand** helfen?	
Niemand hilft mir.	

6 *alles, etwas, nichts.* **Ergänzen Sie die Mitteilungen.**

> **alles – alle**
> Alles **ist** super. → Singular
> Alle (Leute) **sind** nett. → Plural

1. Tolle Musik, nette Songs. Ich weiß aber nicht, ob die Texte gut sind. Ich habe alles ☐ etwas ☐ nichts ☐ verstanden.

2. Hallo Schwesterchen! Bin schon unterwegs zum Konzert, hab' aber alles ☐ etwas ☐ nichts ☐ Wichtiges vergessen: Kannst du mein Ticket mitbringen? ;-)) Danke!!!

3. Schönes Festival, tolle Bands. Alles ☐ Etwas ☐ Nichts ☐ ist super. Leider bald vorbei.

7 Musiker und Musik. Welche Wörter sind das? Schreiben Sie mit Artikel und Plural.

~~AL~~   BÜH   ~~BUM~~   FES   GER   KER   KON   MU   NE   SÄN   SI   TI   VAL   ZERT

das Album, Alben _____   _____   _____

_____   _____   _____

Promi-Geschichten

8

a **Lesen Sie den Text und die Aussagen. Kreuzen Sie an: richtig oder falsch?**

„Wasser ist mein Element"

Der deutsche Schwimmer Max Trümper, 26, hat gerade Gold gewonnen – nach zwei Jahren ohne Erfolge. „Ich kann es selbst nicht glauben. In den letzten Jahren hatte ich so viel Pech. Natürlich habe ich diesmal besonders viel trainiert, aber das machen die anderen auch," meint Max selbstkritisch.

Vielleicht liegt es auch an seiner neuen Lebenssituation? Seit einem Jahr ist er verheiratet und vor zwei Monaten wurde er Vater. Schon immer spielt seine Lebenssituation eine Rolle bei seinen Erfolgen. Als er seinen Vater vor zwei Jahren verloren hat, war er plötzlich nicht mehr erfolgreich. „Es stimmt, dass mein Privatleben immer eine große Rolle spielt. Unser Trainer hat mich zu einem Psychologen geschickt und nun kann ich besser mit meinen Gefühlen umgehen."

Nächstes Jahr möchte Max seine Karriere beenden und im Hotel von seiner Mutter arbeiten. „Ich möchte zuerst alle Arbeitsbereiche kennenlernen, damit ich später das Hotel selbst leiten kann. Dann sehe ich meine Familie öfter – und das ist für mich das Wichtigste."

1. Max ist wieder erfolgreich. ☐ richtig ☐ falsch
2. Er hat mehr trainiert als andere Schwimmer. ☐ richtig ☐ falsch
3. Max hat ein Kind. ☐ richtig ☐ falsch
4. Sein Trainer ist auch Psychologe. ☐ richtig ☐ falsch
5. Max will seiner Mutter die Arbeit im Hotel erklären. ☐ richtig ☐ falsch
6. Er will mehr Zeit mit der Familie verbringen. ☐ richtig ☐ falsch

b **Arbeiten Sie zu zweit und machen Sie ein Partnerdiktat. Kontrollieren Sie anschließend den Text von Ihrem Partner / Ihrer Partnerin.**

A Julia war letzte Woche auf einem Konzert von Ina Müller, die eine bekannte Moderatorin und Sängerin ist. Ihre beste Freundin, die auch ein großer Fan ist, ist mitgegangen. Die Sängerin hat fast drei Stunden eine tolle Show gezeigt und die beiden Freundinnen waren begeistert. Julia meint: „Nächstes Mal sind wir natürlich wieder dabei!"

B Martin sieht abends immer Nachrichten im Fernsehen, am liebsten „Die Tagesschau". Seine Freunde trifft er erst, wenn die Nachrichten vorbei sind. Für Freunde, die ihn schon lange kennen, ist das kein Problem. Sie warten auf ihn oder verabreden sich einfach etwas später. Warum sind die Nachrichten so wichtig für ihn? Ganz einfach – er ist Journalist.

Satzzeichen

. = Punkt
, = Komma
? = Fragezeichen
! = Ausrufezeichen
: = Doppelpunkt
– = Gedankenstrich
„" = Anführungszeichen
(unten/oben)

9

a Relativsätze. Lesen Sie und markieren Sie Relativpronomen und Bezugswort.

1. Jan hat einen Artikel über den Schauspieler gelesen, der den Oskar bekommen hat.
2. Du musst unbedingt den Film mit ihm sehen, der gerade in den Kinos läuft.
3. Er spielt mit einer tollen Schauspielerin, die auch im echten Leben seine Frau ist.
4. Sie haben drei Kinder, die alle schon erwachsen sind.
5. 2012 war für ihn das Jahr, das ihm Glück gebracht hat.

b Ergänzen Sie das passende Relativpronomen.

Und gestern Abend war ich im Kino, in dem neuen Film von Sönke Wortmann.	09:28
Ist das der Film, _____ schon ein paar Preise bekommen hat?	09:29
Genau, er hat mir auch gut gefallen. Danach war ich mit Pia noch tanzen.	09:29
Pia? Ist das deine Freundin, _____ in England studiert?	09:32
Ja, in London, sie besucht gerade ihren Bruder, _____ hier als Fotograf arbeitet.	09:32
☺. Ich habe gestern unsere Freundinnen getroffen, _____ jetzt in Berlin studieren.	09:33
Du meinst Sandra und Eva??? Warum hast du mir nichts gesagt?	09:33
Weil du die Freundin bist, _____ nie zurückruft. ;-)	09:35

c Schreiben Sie fünf Sätze.

1. Erik ist der Student,
2. Lisa ist das Mädchen,
3. Annabel ist die Lehrerin,
4. Carlo ist der Sportler,
5. Ich bin die Person,

der
das
die

studieren / seit zwei Jahren / in Berlin / .
gehen / oft / ins Kino / .
arbeiten / an einer Sprachenschule / .
hören / Rockmusik / beim Joggen / .

_____

Erik ist der Student, der seit zwei Jahren ...

d Patrick zeigt seine Fotos. Welche Information fehlt? Ergänzen Sie den eingeschobenen Relativsatz.

1

2

3

4

5

1. Die Frau, _____, heißt Lena Marotti.

2. Das Mädchen, _____, heißt Juliane.

3. Der Mann, _____, heißt Markus Fechtner.

4. Die Familie, _____, hat eigentlich zwei Kinder.

5. Die Kinder, _____, sind Geschwister.

e **Wie kann man es noch sagen? Bilden Sie aus den zwei Hauptsätzen einen Hauptsatz mit Relativsatz.**

1. Der Student heißt Luis. Er kommt aus Argentinien.
2. Die Nachbarin ist sehr nett. Sie wohnt schon seit 10 Jahren neben uns.
3. Die Kinder kommen zu spät zur Schule. Sie haben den Bus verpasst.
4. Der Schauspieler hat seinen Text vergessen. Er hat starke Kopfschmerzen.

> **Stellung Relativsatz**
> Der Relativsatz steht meistens direkt hinter dem Bezugswort.

Der Student, der aus Argentinien kommt, heißt Luis.

10 a **Kennen Sie sich schon in Deutschland aus? Beantworten Sie die Quizfragen.**

1. Wie heißt die Oper, die über 15 Stunden dauert? _____
2. Wie heißt der König, der nur kurz in Schloss Neuschwanstein gewohnt hat? _____
3. Wie heißt der Autor, der „Das Parfum" geschrieben hat? _____
4. Wie heißt die Stadt, die bis 1989 geteilt war? _____
5. Wie heißt der Fluss, der durch Hamburg fließt? _____
6. Wie heißt das Fest, das man in Deutschland im Frühling feiert? _____

b **Schreiben Sie selbst drei Fragen und fragen Sie Ihren Partner / Ihre Partnerin.**

11 a **Ordnen Sie Frage und Antwort zu.**

1. Wann kommst du? _C_
2. Wie viel Uhr ist es? ____
3. Wie lange lernst du schon Deutsch? ____
4. Wann warst du in Deutschland? ____
5. Woher kommst du? ____
6. Wo wohnst du jetzt? ____
7. Wohin fährst du im Urlaub? ____

A Ans Meer.
B Aus Hessen.
C Heute Abend um acht.
D Gleich acht Uhr.
E Auf dem Land.
F Sechs Monate.
G Vor zwei Monaten.

b **Rückfragen. Hören Sie die Fragen und Antworten. Achten Sie auf die Betonung und notieren Sie: Ist das eine normale Frage (N) oder eine Rückfrage (R)?**

2.28

1. _N_   2. ____   3. ____   4. ____   5. ____   6. ____   7. ____

c **Arbeiten Sie zu zweit. Ihr Partner / Ihre Partnerin erzählt fünf Dinge über sich und sagt die Hauptinformation sehr leise. Sie verstehen schlecht und fragen nach.**

Malerei gestern und heute

12 a *(2.29)* Sehen Sie die Anzeigen an und hören Sie das Gespräch von Anna und Robert. Wo sind sie? Kreuzen Sie an.

> **Offener Museumstag**
> Kunst selbst machen!
> Zusammen mit einem Künstler machen Sie selbst ein Kunstwerk – malen, zeichnen, formen! ☐

> **Kunsthalle**
> Die Frau in der Malerei – von der Antike bis heute.
> Täglich Führungen um 16 Uhr ☐

> **Ausstellung „Moderne Kunst des 21. Jahrhunderts":**
> Videoinstallationen, Bilder, Skulpturen
> Öffnungszeiten: täglich 10–22 Uhr ☐

> **Städtische Kunstgalerie**
> Kunst des 19. und 20. Jahrhunderts
> Sonderausstellung:
> Die deutsche Romantik ☐

b *(2.29)* Wem gefällt was? Hören Sie noch einmal und notieren Sie die Namen: A für Anna, R für Robert und B für beide.

1. Bild mit Frau und Kind _____
2. Video _____
3. alte Künstler _____
4. moderne Malerei _____
5. Maschinen _____
6. Pferdeskulptur _____

c Welches Museum oder welche Ausstellung finden Sie interessant oder haben Sie interessant gefunden? Schreiben Sie eine E-Mail an Ihren Partner / Ihre Partnerin.

13 a Wie heißen die Farben richtig? Notieren Sie. Ordnen Sie dann zu.

1. BELG _____
2. ALLI _____
3. RÜNG _____
4. RUGA _____
5. WRASCHZ _____
6. RANEGO _____
7. ULBA _____
8. ISSEW _____

☐ ☐ ☐ ☐ ☐  ☐ ☐

b *(2.30)* Hören Sie das Bilddiktat und zeichnen Sie. Vergleichen Sie am Ende mit Ihrem Partner / Ihrer Partnerin.

c Vergleichen Sie die beiden Fotos und notieren Sie fünf Unterschiede.

> Auf Foto A ist rechts oben ein Blumenstrauß, auf Bild B sind die Blumen oben in der Mitte ...

Das kann ich nach Kapitel 10

R1 Was ist typisch für die Person? Schreiben Sie jeweils einen Satz.

1. Mirjam – Frau – gern Sport machen   *Mirjam ist die Frau,* _____

2. Patrick – Kind – viele Freunde haben _____

3. Sven – Junge – oft lang schlafen _____

4. Attila und Thilo – Schüler – Fußball nicht mögen _____

_____

	☺☺	☺	😐	☹	KB	AB
✎ Ich kann genauere Informationen zu Personen geben.	☐	☐	☐	☐	9b, 10a	9d

R2 Welche Musik hören Sie gern? Suchen Sie zwei Partner / Partnerinnen mit dem gleichen Musikgeschmack. Sprechen Sie: Wann hören Sie die Musik und was gefällt Ihnen?

	☺☺	☺	😐	☹	KB	AB
💬 Ich kann über Musikstile sprechen.	☐	☐	☐	☐	3b	

R3 Lesen Sie die kurzen Mails und notieren Sie die Informationen.

Hi Anja,
gestern war ich mal wieder in einer Ausstellung. Claudia interessiert sich doch für Geschichte und wir waren im Stadtmuseum. Eigentlich gehe ich ja lieber ins Kunstmuseum, aber es war sehr interessant: viele Fotos, Bilder und Objekte. Ich habe viel Neues erfahren – kann ich dir nur empfehlen!
Viele Grüße,
Martin

Hi Martin,
das ist ja lustig – ich war auch im Museum. Aber diesmal keine Kunst, sondern im Automuseum. Die alten Autos waren ja ganz interessant, aber die vielen Informationen über Technik, Zeichnungen usw. haben mir nicht gefallen. Autofahren ist auf alle Fälle spannender ☺! Chris war natürlich begeistert …
Bis bald, Anja

Welches Museum? _____   Welches Museum? _____

Was ist dort? _____   Was ist dort? _____

Wie war es? _____   Wie war es? _____

	☺☺	☺	😐	☹	KB	AB
📖✎ Ich kann Mails über ein Museum schreiben und verstehen.	☐	☐	☐	☐		12c

Außerdem kann ich	☺☺	☺	😐	☹	KB	AB
👂 … Informationen über Malerei verstehen.	☐	☐	☐	☐	12b	
👂📖 … eine Bildbeschreibung verstehen.	☐	☐	☐	☐	13a	13b
💬 … Konzertkarten kaufen.	☐	☐	☐	☐	4b	4c
💬📖 … Informationen zu Zahlungsarten verstehen.	☐	☐	☐	☐	4b	4a
💬 … einen Musiker / eine Band vorstellen.	☐	☐	☐	☐	7	6
💬 … über Bilder sprechen.	☐	☐	☐	☐	12c	
📖 … kurze Infotexte (z. B. über Gebäude) verstehen.	☐	☐	☐	☐	1b	2a
📖 … Zeitungsmeldungen verstehen.	☐	☐	☐	☐	8a	8a
✎ … ein Bild beschreiben.	☐	☐	☐	☐	13b, c	
✎ … ein Profil über eine Person schreiben.	☐	☐	☐	☐		1d

Lernwortschatz Kapitel 10

Film

das Budget, -s _____

die Geschichte, -n _____

Die Geschichte spielt von 1820 bis 2500. _____

_____

der Hauptdarsteller, – _____

die Rolle, -n _____

die Hauptrolle spielen _____

_____

Musik

der Chor, Chöre _____

der Musiker, – _____

die Oper, Opern _____

der Sänger, – _____

ein Chor mit vielen Sängern _____

_____

der Solist, -en _____

verkaufen _____

Das Album hat sich sehr gut verkauft. _____

_____

Literatur

der Autor, -en _____

die Verfilmung, -en _____

erscheinen _____

Das Buch ist 1985 erschienen. _____

_____

Gebäude

der Fernsehturm _____

die Führung, -en _____

eine Führung durch das Schloss _____

das Konzerthaus, -häuser _____

das Lagerhaus, -häuser _____

das Schloss, Schlösser _____

der Tourist, -en _____

Tickets kaufen und bezahlen

die Karte, -n _____

die Kasse, -n _____

das Konto, Konten _____

die Kreditkarte, -n _____

mit Kreditkarte bezahlen _____

_____

die Mehrwertsteuer (Singular) (= MwSt.) _____

_____

die Quittung, -en _____

der Rabatt, -e _____

der Sitzplatz, -plätze ↔ der Stehplatz _____

_____

die Überweisung, -en _____

per Überweisung bezahlen _____

überweisen _____

ausverkauft _____

Die Tickets sind ausverkauft. _____

_____

bar _____

bar bezahlen _____

netto _____

beim Konzert

der Ausgang, Ausgänge _____

der Kontrolleur, -e _____

der Schirm, -e _____

ab|geben _____

Den Schirm musst du abgeben. _____

_____

Promi-Geschichten

die Aussage, -n _____

die Komikerin, -nen _____

das Medium, Medien _____

die Moderatorin, -nen _____

die Nachrichten (Plural) _____

das Programm, -e _____

der Promi, -s (= der Prominente, -en) _____

die Sendung, -en _____

das Stück, -e _____

ein neues Stück schreiben _____

der Witz, -e _____

verdienen _____

Geld verdienen _____

glatt _____

Es geht nicht alles glatt. _____

privat _____

Malerei

das Blatt, Blätter _____

das Graffito, Graffiti _____

das Interesse, -n _____

Interesse an Tieren haben _____

_____

der Maler, – _____

ab|malen _____

ein Tier abmalen _____

malen _____

abstrakt _____

realistisch _____

bunt _____

dumm _____

Bildbeschreibung

die Ecke, -n _____

in der Mitte _____

im Vordergrund _____

im Hintergrund _____

links ↔ rechts _____

oben ↔ unten _____

vorne ↔ hinten _____

andere wichtige Wörter und Wendungen

die Einführung, -en _____

die Entscheidung, -en _____

eine schwierige Entscheidung _____

der König, -e _____

die Realität (Singular) _____

jährlich _____

alles _____

etwas _____

nichts _____

man _____

was für ein/eine _____

welcher/welches/welche _____

wichtig für mich

_____

_____

_____

Schreiben Sie drei Sätze zu dem Bild.

_____

_____

_____

11 Wie die Zeit vergeht!

1 a
Eine Geschichte aus dem Leben. Sehen Sie die Bilder an und ordnen Sie die Wortgruppen zu. Benutzen Sie ein Wörterbuch.

1.
betrunken Auto fahren
verboten sein
verletzt sein und bluten
gegen einen Baum fahren
der Krankenwagen

2.
lügen
nicht in der Firma sein
mit Freunden feiern
telefonieren
in der Kneipe sein

3.
schwanger sein
in der Arztpraxis sein
die Untersuchung
Blut abnehmen
sich freuen

4.
sich entschuldigen
Rosen schenken
versprechen: keinen Alkohol mehr trinken
leidtun
nicht sterben wollen

A __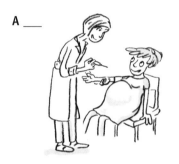

B __

Ich bin noch in der Firma – ich muss leider noch arbeiten. Warte nicht auf mich.

C __

Ich trinke nie wieder!

D __

Zum Glück bist du nicht tot!

b
Schreiben Sie eine Geschichte zu den Bildern. Schreiben Sie zu jedem Bild mindestens zwei Sätze. Benutzen Sie die Ausdrücke und Wörter aus 1a.

Glück gehabt!

Selma ist eine hübsche junge Frau, die schwanger ist. Weil sie bald ihr Baby bekommt, ...

> **Eine Geschichte schreiben**
> Wörter und Ausdrücke wie *zuerst*, *aber dann*, *danach*, *plötzlich*, *am nächsten Tag*, *schließlich*, ... helfen beim Erzählen. Denken Sie auch daran, Ihre Sätze zu verbinden (*weil*, *obwohl*, *trotzdem*, *deshalb*, ...).

C **Was passt wo? Ordnen Sie zu. Hören Sie dann noch einmal das Gespräch von Aufgabe 1b im Kursbuch.**

2.31
Wortschatz

1 der Kiosk ____
2 draußen ____
3 die Ausbildung ____
4 das Heimweh ____
5 pensioniert sein ____
6 die Fete ____
7 die Abschlussprüfung ____
8 sparen ____
9 andere Pläne haben ____

A ein anderes Wort für Party
B trauriges Gefühl, wenn man nicht zu Hause ist, aber viel lieber zu Hause sein möchte
C etwas anderes machen wollen
D kleines Geschäft: Hier kann man zum Beispiel Zeitungen, Zeitschriften und Süßigkeiten kaufen.
E nicht in einer Wohnung, in einem Haus oder einem anderen Gebäude
F ab einem bestimmten Alter nicht mehr arbeiten müssen
G wenig Geld ausgeben
H Test am Ende der Schulzeit oder am Ende der Ausbildung
I Zeit, in der man einen Beruf lernt

2 Hier verbringe ich meine Zeit ... Wie heißen die Wörter?

1. Die meisten erwachsenen Menschen verbringen 8 Stunden täglich mit ...
2. Manche Familienväter kochen gerne. Sie sind viel in der ...
3. Studenten lernen oft in der ...
4. Viele Familien machen am Wochenende einen ...
5. Eltern von kleinen Kindern trifft man oft auf dem ...
6. Viele Schüler machen nachmittags ...

ä, ö, ü = 1 Buchstabe

1						
2						
3						
4						
5						
6						

Lösungswort: Ich kenne Rentner, die viele _____ machen.

Ich hätte gern mehr Zeit!

3 a Ohne Worte – ein Fotointerview. Wofür hätten die Personen gern mehr Zeit? Ergänzen Sie die Aussagen.

Annika Rubens würde _____
_____

Lars Meier _____
_____

Marika und Jan Steger _____
_____

b **Und Sie? Machen Sie ein Fotointerview mit Ihrem Partner / Ihrer Partnerin. Tauschen Sie dann die Fotos mit einem anderen Paar und raten Sie: Wofür hätte er/sie gern mehr Zeit?**

Hannes hätte gern mehr Zeit fürs Tennisspielen.

Marcella würde gern ...

4

a Vergleichen Sie die Verbformen. Was ist im Konjunktiv II bei *haben*, *sein* und *werden* anders als im Präteritum? Markieren Sie und notieren Sie die Endungen.

	haben		sein		werden		Endungen
	Präteritum	Konj. II	Präteritum	Konj. II	Präteritum	Konj. II	
ich	hatte	hätte	war	wäre	wurde	würde	_____
du	hattest	hättest	warst	wärst	wurdest	würdest	-(e)st
er/es/sie	hatte	hätte	war	wäre	wurde	würde	_____
wir	hatten	hätten	waren	wären	wurden	würden	_____
ihr	hattet	hättet	wart	wärt	wurdet	würdet	_____
sie/Sie	hatten	hätten	waren	wären	wurden	würden	_____

> **Konjunktiv II** = Präteritum + Umlaut
> Präteritum: →   Konjunktiv II:
> *Gestern hatte ich frei.*   –   *Ich hätte heute gern frei!*
> *Gestern waren wir im Zoo.*   –   *Wir wären gern im Zoo, aber er ist heute zu.*
>
> *würde* + Infinitiv verwendet man außerdem für die meisten Verben im Konjunktiv II:
> *Ich **würde** gern mehr **lesen** / länger **schlafen** / ins Kino **gehen** / ...*

b Was passt: Präteritum oder Konjunktiv II? Kreuzen Sie an.

1. Ich war ☐ wäre ☐ so gern berühmt.
2. Gestern hattest ☐ hättest ☐ du den ganzen Tag Zeit!
3. Er wollte dich gern besuchen, aber du warst ☐ wärst ☐ nicht zu Hause.
4. Wir waren ☐ wären ☐ jetzt so gern in Urlaub.
5. Als sie endlich Geld für den Skiurlaub hatten ☐ hätten ☐ , wurde ☐ würde ☐ es schon Sommer.

c Das wäre so schön ...! Schreiben Sie die Wünsche im Konjunktiv II + *gern*.

1. du – öfter Sport machen   *Du würdest gern öfter* _____

2. Jan – mehr Geld haben   _____

3. wir – öfter Freunde treffen   _____

4. du – weniger Stress haben   _____

5. Theresa – mehr lesen   _____

6. ihr – euch öfter ausruhen   _____

7. sie – weniger Arbeit haben   _____

8. ich – ...   _____

d Sehen Sie die Zeichnung an. Welche Wünsche hat der Mann?

Der Mann hätte gern ...

e Welche Wünsche haben Sie? Notieren Sie zu den Themen je zwei Wünsche im Konjunktiv II. Verwenden Sie *würde gern* + Infinitiv, *wäre gern* oder *hätte gern*.

Arbeit	Freizeit	Familie	Urlaub
Ich hätte gern andere Arbeitszeiten. *Ich würde gern …*			

So ein Stress!

5

a Ratschläge. Ergänzen Sie die passende Form von *könnte, sollte* oder *würde*.

1. Schon wieder müde? An Ihrer Stelle __w_____ ich zwei Tage frei nehmen.

2. Keine Zeit? Sie __s_____ sich einen Tagesplan machen.
   Schreiben Sie dann auf, was Sie an dem Tag wirklich machen.
   So __k_____ Sie herausfinden, wo und wie Sie Zeit verlieren.

3. Kein Geld? Ich __w_____ nicht mehr in das teure Fitnessstudio
   gehen. Außerdem __k_____ ihr mit dem Fahrrad zur Arbeit fahren
   oder zu Fuß gehen.

4. Zu viel zu tun? Du __s_____ dir Hilfe holen: Vielleicht kann
   jemand für dich einkaufen gehen? Du __k_____ auch einmal in
   der Woche Pizza bestellen. Dann musst du nicht selbst kochen.

> **Modalverben im Konjunktiv II**
> Bei *können* bildet man den Konjunktiv II aus Präteritum + Umlaut:
> *Du könntest weniger essen.*
> Bei *sollen* gibt es keinen Umlaut:
> *Ihr solltet euch beeilen!*

b Entschuldigung, …? Formulieren Sie höfliche Bitten im Konjunktiv.

1. Auf einer Party: Sie suchen die Toilette.
   Entschuldigung, könnten Sie mir bitte sagen, wo die Toilette ist?

2. Im Sprachkurs: Sie haben etwas nicht verstanden.
   _____

3. Im Restaurant: Sie möchten noch einen Kaffee.
   _____

4. In der U-Bahn: Sie wissen nicht, wie Sie zum Bahnhof kommen.
   _____

5. Im Geschäft: Sie suchen Zucker.
   _____

6. Im Sportstudio: Sie möchten ein Handtuch ausleihen.
   _____

7. In einem Hotel: Sie suchen den Frühstücksraum.
   _____

2.32

c Wunsch, Bitte oder Ratschlag? Hören Sie die Aussagen und kreuzen Sie an.

	Wunsch	Bitte	Ratschlag			Wunsch	Bitte	Ratschlag
1.	☐	☐	☐		5.	☐	☐	☐
2.	☐	☐	☐		6.	☐	☐	☐
3.	☐	☐	☐		7.	☐	☐	☐
4.	☐	☐	☐		8.	☐	☐	☐

6 a Sehen Sie das Bild an. Notieren Sie die Probleme.

Der Mann muss zu viel machen:

– die Kinder abholen

b Wie kann man die Probleme lösen? Machen Sie Vorschläge.

Ich würde meinen Schreibtisch …

Der Kajak-Ausflug

7 Ergänzen Sie die Präpositionen und die Verben in der richtigen Form.

denken • (sich) erinnern • sich freuen • (sich) kümmern • sprechen • (sich) vorbereiten • warten

an • an • auf • auf • auf • mit • um

1. Thilo hat sich _um_ die Tickets _gekümmert_ .
2. Mereth hat _____ Markus _____, aber er konnte nicht mitkommen.
3. Markus wollte sich _____ die Prüfung _____.
4. Am Bahnhof mussten sie nicht _____ Thilo _____, er war pünktlich!
5. Mereth hat _____ das Essen _____ und organisiert, dass jeder was mitbringt.
6. Thilo hat Fotos gemacht. So können sie sich gut _____ diesen Tag _____.
7. Linda _____ sich schon _____ den nächsten Kajak-Ausflug.

8

a Eine Verabredung. Ordnen Sie den Dialog.

1 Was hast du morgen vor? Wir könnten wieder mal schwimmen gehen. ____

2 Ach, schade, das passt mir nicht so gut, das ist zu spät. Aber am Samstag, gleich am Vormittag? Was hältst du davon? ____

3 Das ist eine gute Idee. Wann möchtest du denn am liebsten losfahren? ____

4 Ja, einverstanden. So um zehn. Wo treffen wir uns denn? ____

5 Nee, nee, zehn ist gut. Ich möchte ein bisschen länger schlafen. Es ist ja Samstag. ____

A Beim Schwimmbad oder an der S-Bahn. Ich ruf dich vorher einfach an. Oder sollen wir uns schon früher treffen?

B Klar. Bis dann. Ich ruf dich an.

C Hm, ich denke so gegen zehn. Ist das für dich auch eine gute Zeit?

D Von mir aus gern! Aber ich muss bis sechs arbeiten. Ich kann erst um sieben am Schwimmbad sein.

E Ja, das geht gut. Wenn das Wetter schön ist, können wir vielleicht sogar an den Wannsee fahren.

b Hören Sie. Sprechen Sie die Rolle vom Sprecher rechts (in Aufgabe 8a).

2.33

c Gemeinsam etwas planen. Sprechen Sie mit einem Partner / einer Partnerin über alle Punkte auf Ihrer Karte.

A Sie möchten am Samstag ein Picknick machen. Planen Sie es mit Ihrem Partner / Ihrer Partnerin.
– Sie schlagen drei Freunde vor.
– Sie kümmern sich um die Getränke.
– Sie möchten gegen 15.00 beginnen.
– Am Sonntag geht es bei Ihnen nicht.

B Ihr Partner / Ihre Partnerin möchte am Samstag ein Picknick machen. Planen Sie es gemeinsam.
– am Samstag können Sie erst ab 17:00 Uhr.
– am Sonntag haben Sie Zeit.
– Sie fragen, wer was mitbringt.
– Sie kümmern sich um Teller und Besteck.
– Ort: Sie schlagen „an der Brücke" vor.

9

Wortschatz

a Verben mit Präpositionen. Ergänzen Sie. Schreiben Sie dann die Sätze in Ihrer Sprache.

> (sich) interessieren für • (sich) unterhalten über • diskutieren über

Das ist doch keine Kunst! *Oh doch!*

Immer nur Sport!

Wie war's in Italien? *Total schön!*

Sie _____ immer _____ Kunst.

Er _____ sich nur _____ Sport.

Sie _____ sich _____ den Urlaub.

Und in Ihrer Sprache?

_____   _____   _____

_____   _____   _____

b Was gehört zusammen? Verbinden Sie.

1. Ich freu' mich so!   Mit wem?   An den Termin heute Abend.
2. Ich telefoniere.   Auf wen?   Auf meine Prüfung. Sie ist echt schwer.
3. Wir unterhalten uns gerade.   Worauf?   Über ein Problem in unserer Firma.
4. Ich bereite mich vor.   Woran?   Auf meine Freundin. Sie kommt heute zurück.
5. Ich denke.   Worüber?   Mit meinen Eltern.

c Welches Fragewort ist für die unterstrichene Information nötig? Schreiben Sie.

1. Stefan bereitet sich <u>auf den Urlaub</u> vor. _____
2. Ilva denkt immer <u>an ihre Arbeit</u>. _____
3. Elna kümmert sich <u>um die Tickets</u> für die Reise. _____
4. Frank interessiert sich <u>für Computer</u>. _____

> sich freuen **auf**
> *Peter hat morgen Geburtstag.*
> *Er freut sich auf die Geschenke.*
>
> sich freuen **über**
> *Heute hat Peter Geburtstag.*
> *Er freut sich über die Geschenke: einen Basketball, Kinokarten und ein Buch.*

d Ergänzen Sie die Fragen.

1. Gestern ist es ziemlich spät geworden. Wir haben lange diskutiert. – *Worüber* denn? – Na, rate mal! Natürlich über Sport.
2. Interessierst du dich eigentlich für Sport? – Ja, besonders für Tennis. Und du, _____ interessierst du dich? – Für fast alles, nur nicht für Sport!
3. Tina hat sich gestern im Büro so über jemanden geärgert! – Wirklich? _____ denn? – Ach, ihre Chefin war so komisch.
4. Ich habe heute lange mit Björn gesprochen. – _____ denn? – Über seine Probleme bei der Arbeit.
5. Was hast du vor? – Ich muss mich vorbereiten. – _____ denn? – Auf die Prüfung.
6. Sieh mal das Foto mit den Studenten aus Italien! _____ erinnerst du dich noch? – An Pietro, der war immer so lustig.

an wen • über wen • wofür • worauf • worüber • worüber

10 a Hören Sie. Welche Bedeutung hat der Satz mit dieser Betonung? Ordnen Sie zu.

2.34

1. <u>Mein</u> Freund Markus hat 100 Euro verloren. *C*
2. Mein <u>Freund</u> Markus hat 100 Euro verloren. ____
3. Mein Freund <u>Markus</u> hat 100 Euro verloren. ____
4. Mein Freund Markus <u>hat</u> 100 Euro verloren. ____
5. Mein Freund Markus hat <u>100</u> Euro verloren. ____
6. Mein Freund Markus hat 100 <u>Euro</u> verloren. ____
7. Mein Freund Markus hat 100 Euro <u>verloren</u>. ____

A *Nicht Dollar, sondern Euro.*
B *Nicht 10, sondern 100 Euro.*
C *Nicht dein Freund.*
D *Er hat das Geld nicht gefunden!*
E *Nicht mein Kollege Markus.*
F *Nicht mein Freund Ben!*
G *Wirklich, das stimmt!*

b Arbeiten Sie zu zweit. Jeder notiert einen Satz und unterstreicht drei verschiedene Betonungen. Tauschen Sie die Sätze und sprechen Sie.

Zeitreisen

11 a Anders leben. Lesen Sie den Text und die Aussagen 1 bis 5. Was ist richtig? Kreuzen Sie an.

Ein bisschen wie früher

„Wir können heute sofort alles bekommen, wenn wir das Geld dafür haben. Aber die meisten Dinge brauche ich nicht! Früher ist es auch anders gegangen." Andreas Prober ist kein Träumer, der in der Vergangenheit lebt. Der 28-jährige Programmierer ist verheiratet und hat ein kleines Kind.

Herr Prober fährt Auto, wenn er ein Auto braucht. Aber er findet, für kurze Strecken, also weniger als zwei Kilometer, ist das nicht nötig. Da geht er zu Fuß: „Früher war eine Viertelstunde oder 20 Minuten Gehen ganz normal." Strecken bis 10 km fährt er fast immer mit dem Fahrrad. Sein täglicher Weg zur Arbeit ist auch dabei. „Gehen und Radfahren sind gut für meine Gesundheit. Aber nicht nur das. Ich habe gemerkt, dass wir das Auto eigentlich gar nicht oft brauchen und so ganz schön viel Geld sparen. Ein Kilometer kostet mindestens 35 Cent", rechnet Herr Prober vor. „Und im Durchschnitt fährt ein Deutscher jedes Jahr 2000 km nur für kurze Strecken unter 2 km. Meine Familie und ich sparen also 700 Euro." Das Auto von Familie Prober ist inzwischen zum Nachbarschaftsauto für drei Familien geworden: „Wir machen unser privates Car-Sharing."

Bei Familie Prober gibt es auch nie Fertiggerichte. „Da sind viele Konservierungsmittel drin, die schuld an Allergien sein können", sagt Herr Prober. „Selbst gekochtes Essen schmeckt außerdem besser." Familie Prober kauft Obst und Gemüse je nach Jahreszeit und Angebot. „Es gibt bei uns von Mitte Juni bis Ende Juli richtig gute Erdbeeren und wir essen dann so viel, wie wir mögen. Und wir machen Marmelade. Aber wir kaufen im Winter keine Erdbeeren, die um die halbe Welt geflogen sind. Das hat es früher nicht gegeben und das muss heute auch nicht sein."

1.	Herr Prober	A ☐ lebt allein.
		B ☐ ist verheiratet.
		C ☐ hat zwei Kinder.

2.	Herr Prober	A ☐ fährt nicht gern mit dem Auto.
		B ☐ fährt kurze Strecken nicht mit dem Auto.
		C ☐ geht nicht gern zu Fuß.

3.	Herr Prober	A ☐ fährt mit dem Auto zu seiner Arbeit.
		B ☐ nimmt fast immer das Fahrrad für den Weg zur Arbeit.
		C ☐ arbeitet zu Hause. Er muss nicht zur Arbeit fahren.

4.	Herr Prober	A ☐ hat kein Auto.
		B ☐ macht ein privates Car-Sharing mit zwei anderen Familien.
		C ☐ leiht ein Auto bei seinen Nachbarn, wenn er es braucht.

5.	Familie Prober	A ☐ kauft Obst und Gemüse je nach Jahreszeit.
		B ☐ isst keine Marmelade, weil sie ungesund ist.
		C ☐ kauft im Winter kein Obst.

b Welche Möglichkeit oder welches Ding aus dem modernen Leben brauchen oder nützen Sie nicht? Oder kennen Sie jemand, der etwas nicht nützt? Warum? Schreiben Sie.

Mein Freund Louis fliegt nicht mit dem Flugzeug. Er reist gern, aber ...

12 Eine Zeitreise. Lesen Sie den Text. Welche Verbindungswörter fehlen? Ergänzen Sie.

Ich liebe Rock'n Roll! _Deshalb_ (1) würde ich in die 1950-er Jahre reisen. Natürlich würde ich in New York leben _____ (2) könnte Bill Haley live hören. Meine Freundin und ich würden oft tanzen gehen, _____ (3) in vielen Clubs so gute Bands spielen würden. Sie würde einen Pettycoat tragen. Wir könnten auch bequem überall hinfahren, _____ (4) wir ein cooles Auto hätten: einen großen 57-er Chevy _____ (5) einen Cadillac. _____ (6) bestimmt hätten wir ein Radio im Auto. Und ich hätte auch schon einen Fernseher, _____ (7) natürlich nur schwarz-weiß.

aber • deshalb • oder • und • und • weil • weil • weil

Sprichwörter

13 **a** Die Zeit. Ordnen Sie die Redewendungen A bis F den Situationen zu.

A Wie die Zeit vergeht!

C Dafür nehme ich mir viel Zeit.

B Mir läuft die Zeit davon.

D Das lernst du mit der Zeit.

F Ich gebe Ihnen noch zwei Tage Zeit.

E Es ist höchste Zeit.

1. Ich brauche die fertige Arbeit erst in zwei Tagen. _F_

3. Das ist mir sehr wichtig.

5. Ich muss bald fertig sein und eigentlich brauche ich noch viel mehr Zeit. ____

2. Wir müssen uns beeilen, es ist schon sehr spät. ____

4. Was, wir haben uns zwei Jahre lang nicht gesehen? ____

6. Das geht nicht so schnell, aber bald kannst du es. ____

b Hören Sie und sprechen Sie selbst die Redewendungen A bis F mit. 2.35

c Hören Sie das Gedicht und lesen Sie die Aussagen 1 bis 4. Welche Aussage passt am besten zu Ihrem Eindruck von dem Gedicht? Sprechen Sie mit Ihrem Partner / Ihrer Partnerin. 2.36

die zeit vergeht

lustig
luslustigtig
lusluslustigtigtig
luslusluslustigtigtigtig
lusluslusluslustigtigtigtigtig
luslusluslusluslustigtigtigtigtigtig
lusluslusluslusluslustigtigtigtigtigtigtig
luslusluslusluslusluslustigtigtigtigtigtigtigtig

(Ernst Jandl)

1. Ich sehe eine Pyramide, wie in Ägypten. Die Pyramiden sind 4500 Jahre alt und stehen immer noch. Da ist viel Zeit vergangen.

2. Die Zeit vergeht lustig. Man muss die Zeit so verbringen, dass man viel Spaß hat.

3. Viele Leute machen in ihrem Leben nichts Wichtiges. Sie wollen nur Spaß haben.

4. „lus-lus-tig-tig": Uhren machen „tick, tick". Man hört hier, wie die Zeit vergeht.

Das kann ich nach Kapitel 11

R1 Sehen Sie die Bilder an. Schreiben Sie zu jedem Bild zwei Wünsche.

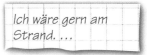

Ich wäre gern am Strand. …

	☺☺	☺	😐	☹	KB	AB
✏ Ich kann Wünsche äußern.	☐	☐	☐	☐	3b, 4	3, 4

R2 Arbeiten Sie zu zweit. Beschreiben Sie Ihrem Partner / Ihrer Partnerin das Problem. Er/Sie gibt Ihnen Ratschläge.

A Problem: Sie haben in 3 Wochen eine Prüfung.
– Es ist Sommer und Sie möchten draußen sein.
– Sie bekommen oft Besuch von Freunden.
– Sie haben keine Zeit für Sport und Bewegung.

Ratschläge:
– feste Zeiten für gemeinsame Freizeit planen
– den Freunden erklären, dass Sie sich manchmal entspannen müssen
– gemeinsam entspannende Aktivitäten planen

B Problem: Sie sind immer müde und ohne Energie.
– Sie arbeiten sehr viel und lange.
– Ihre Freunde sind in der Freizeit sehr aktiv.
– Sie wollen mehr Zeit mit Ihren Freunden verbringen.

Ratschläge:
– einen Zeitplan machen und Freizeit einplanen
– die Freunde über die Prüfung informieren
– Termine für Bewegung einplanen

	☺☺	☺	😐	☹	KB	AB
💬 Ich kann Ratschläge geben.	☐	☐	☐	☐	5, 6	5a , 6

R3 Was sagen die zwei Personen? Notieren Sie Stichwörter in einer Tabelle.

2.37–38

	Was ist das Problem?	Was hat sie schon versucht?	Was möchte sie machen?
Person 1			

	☺☺	☺	😐	☹	KB	AB
👂 Ich kann kurze Texte über Zeitprobleme verstehen.	☐	☐	☐	☐	3a	

Außerdem kann ich	☺☺	☺	😐	☹	KB	AB
👂 … Gespräche über das Leben früher verstehen.	☐	☐	☐	☐	1b	
👂💬 … Wünsche verstehen und über Wünsche sprechen.	☐	☐	☐	☐	3, 4	3, 4
👂💬 … gemeinsam etwas planen.	☐	☐	☐	☐	7a, b, 8	8b, c
💬✏ … andere etwas fragen und Informationen austauschen.	☐	☐	☐	☐	9, 11b	9b–d
📖 … einen Text über Zeitprobleme verstehen.	☐	☐	☐	☐	5	11a
📖 … Informationen über eine Zeitreise verstehen.	☐	☐	☐	☐	11a–c	12
📖💬 … Sprichwörter verstehen und über sie sprechen.	☐	☐	☐	☐	13a–c	13a
✏ … eine Geschichte schreiben.	☐	☐	☐	☐	13d	1

Lernwortschatz Kapitel 11

Lebensphasen

die Enkelin, -nen _____

die Fete, -n _____

das Heimweh (Singular) _____

die Welt, -en _____

die Welt kennenlernen _____

_____

betrunken sein _____

sich (beruflich) engagieren _____

sich entschuldigen _____

lügen _____

pensioniert sein _____

schwanger sein _____

sparen _____

sterben _____

tot sein _____

Stress

die Mittagspause, -n _____

der Ratschlag, Ratschläge _____

_____

sich aus|ruhen _____

erledigen _____

Ich muss noch etwas erledigen. _____

_____

klingeln _____

Ständig klingelt das Telefon. _____

_____

los|gehen _____

Das geht schon morgens los. _____

_____

streiten _____

weiter|gehen _____

Im Büro geht es dann so weiter. _____

_____

ständig _____

Ausflüge

das Kajak, -s _____

die Stimmung (Singular) _____

Die Stimmung ist toll. _____

backen _____

Ich muss noch Kuchen backen. _____

unternehmen _____

etwas mit der Familie unternehmen _____

_____

Zeitreise

das Abenteuer, – _____

die Kerze, -n _____

das Kerzenlicht, -er _____

die Zeitreise, -n _____

beginnen _____

Die Geschichte beginnt im Jahr ... _____

_____

fließen _____

fließendes Wasser _____

hart _____

Das Leben war hart. _____

kompliziert _____

selbstgebacken _____

Sprichwörter

die Enttäuschung, -en _____

die Geduld (Singular) _____

das Gold (Singular) _____

das Gras, Gräser _____

die Wunde, -n _____

Die Zeit heilt alle Wunden. _____

nutzen _____

Man sollte seine Zeit effektiv nutzen. _____

_____

scheinen _____

Es scheinen nur Minuten zu sein. _____

vergehen _____

Die Zeit vergeht schnell. _____

wachsen _____

ziehen _____

effektiv _____

andere wichtige Wörter und Wendungen

der Alkohol (Singular) _____

das Blut (Singular) _____

Der Arzt nimmt Blut ab. _____

bluten _____

der Kiosk, -e _____

die Rose, -n _____

diskutieren _____

Sie diskutieren über Kunst. _____

interessieren _____

Er interessiert sich nur für Sport. _____

recht haben _____

Da hast du recht. _____

schenken _____

Er schenkt ihr Rosen. _____

unterhalten _____

Wir unterhalten uns über Italien. _____

_____

aus _____

Von mir aus gern! _____

Alles bestens! _____

eigentlich _____

Wir wissen da eigentlich nicht genug. _____

_____

An Ihrer/deiner Stelle würde ich ... _____

_____

Klar, gern! _____

nicht nur ..., sondern auch ... _____

Was hältst du von ...? _____

wichtig für mich

_____

_____

_____

Schreiben Sie zu jedem Foto zwei Sätze.

_____

_____

_____

_____

_____

12 Typisch, oder?

1 **a** **Traditionen. Was kann man kombinieren? Verwenden Sie jedes Verb mindestens einmal.**

> ein Fest • Freunde • das Haus • Neujahr • ein Geschenk • ⋮ dauern • feiern • vergessen • mitbringen •
> Gäste • den Tisch • besondere Gerichte • zwei Stunden • ⋮ kochen • tragen • besuchen • dekorieren •
> besondere Kleidung • Probleme ⋮ vorbereiten • einladen

das Haus dekorieren

b **Bilden Sie acht Sätze mit Ihren Kombinationen aus 1a.**

Wenn wir Silvester feiern, dann dekorieren wir immer das ganze Haus.

2 **a** **Lesen Sie die Texte über drei Feste und ergänzen Sie die fehlenden Wörter.**

> Sommer • Blumen • Essen • Geschenke • Tage • Feste • Leute • Kleidung • Familie

Zuckerfest in der Türkei

Mit dem Zuckerfest feiern wir

drei _____ (1) lang das

Ende vom „Ramadan", dem

Fastenmonat. Wir ziehen schöne

_____ (2) an und

gehen in die Moschee. Die ganze

Familie kommt zusammen, wir

kochen und essen gemeinsam.

Und die Kinder bekommen

_____ (3), meistens

Geld und Süßigkeiten.

Ferragosto in Italien

Bei uns in Italien ist der

15. August der wichtigste Tag

im _____ (4). Das ist

oft auch der heißeste Tag. Die

großen Städte sind leer, weil

alle Leute mit ihrer

_____ (5) ans Meer

oder in die Berge fahren und

ein Picknick machen. Überall in

den kleinen Orten am Meer oder

in den Bergen finden

_____ (6) statt und

am Abend gibt es dann oft ein

Feuerwerk.

Mittsommerfest in Schweden

Wir feiern Mittsommer immer an

einem Wochenende um den

24. Juni. Wir schmücken den

Mittsommerbaum und tanzen

dann um ihn herum. Manche

_____ (7) tragen tradi-

tionelle Kleidung und die Kinder

und Frauen haben

_____ (8) im Haar. Wir

singen und tanzen oft die ganze

Nacht. Auch das

_____ (9) ist wichtig:

Kartoffeln und Hering und dann

Erdbeeren!

b **Welche Feste aus 2a sind das? Notieren Sie die passenden Buchstaben.**

1. Dieses Fest feiert man mit der Familie.

   _A, B_

2. Das Fest dauert meistens bis zum nächsten Morgen. _____

3. Man schenkt den Kindern etwas. _____

4. Viele Leute fahren in die Natur. _____

5. Die Leute tragen schöne oder besondere Kleidung. _____

6. Das Fest findet jedes Jahr am gleichen Tag statt. _____

7. Man dekoriert einen Baum und tanzt. _____

8. Die Leute essen zusammen. _____

c **Und was feiern Sie? Ergänzen Sie die E-Mail.**

Hallo Lisa,

du kommst doch nächste Woche, oder? Das ist toll, denn da feiern wir _____

_____ . Bei diesem Fest _____

_____ .

Es dauert immer _____ .

Auch das Essen ist wichtig: Normalerweise gibt es _____

_____ .

Etwas Besonderes ist auch noch, dass _____

_____ .

Aber du siehst ja nächste Woche alles selbst. Ich freue mich, dass du dabei sein kannst! Wann kommst du an?

3 **Einladungen in Deutschland. Hören Sie den Radiobeitrag. Sind die Aussagen richtig oder falsch? Kreuzen Sie an.**

2.39

	richtig	falsch
1. Zu einem Abendessen sollte man am besten pünktlich kommen.	☐	☐
2. Bei Partys muss man pünktlich sein und darf höchstens fünf bis zehn Minuten zu spät kommen.	☐	☐
3. Man muss vorher nichts sagen, wenn man ein paar Freunde mitbringt.	☐	☐
4. Auch bei großen Festen ist es normal, dass man Freunde allein einlädt, ohne den Partner oder die Partnerin.	☐	☐
5. Man macht den Gastgebern eine Freude, wenn man ein paar Blumen mitbringt.	☐	☐
6. Am Ende sollte man sich für den schönen Abend bedanken.	☐	☐
7. Bei manchen Festen ist es auch wichtig, dass man sich am nächsten Tag bedankt.	☐	☐
8. Wenn man nicht weiß, welche Kleidung man tragen soll, kann man einfach fragen.	☐	☐
9. Man muss die Gastgeber vorher nicht informieren, wenn man nicht zur Feier kommt. Sie merken ja selbst, dass man nicht da ist.	☐	☐

Das macht man bei uns nicht!

4

a Was planen die Personen? Bilden Sie Sätze mit *um ... zu*.

> Er trifft seine Freunde. • Ich lerne Deutsch. • Du informierst dich über eine Reise. •
> Sie besucht ihre Tante. • Wir kaufen für das Fest ein.

1. Ich mache einen Sprachkurs, _um Deutsch zu lernen_____.

2. Im August fährt Carina nach Paris, _____.

3. Wir fahren zum Supermarkt, _____.

4. Achmed geht ins Café, _____.

5. Du rufst im Reisebüro an, _____.

> Bei trennbaren Verben steht „zu" hinter dem Präfix. *Ich schicke Maria eine E-Mail, um sie ein**zu**laden.*

b Lesen Sie die *damit*-Sätze und kreuzen Sie an, wo auch ein Satz mit *um ... zu* möglich ist. Schreiben Sie dann diese Sätze mit *um ... zu*.

1. Wir kaufen viel Obst und Gemüse, damit unsere Kinder gesund bleiben. ☐

2. Ich schlafe viel, damit ich bald wieder gesund werde. ☐

3. Lea erklärt ihren Freunden die Regeln, damit alle das Spiel zusammen spielen können. ☐

4. Heute Abend bleiben wir zu Hause, damit wir uns mal wieder in Ruhe unterhalten. ☐

_____

_____

c Schreiben Sie die Sätze mit *damit* oder *um ... zu*. Verwenden Sie *um ... zu*, wenn es möglich ist.

1. Karim kommt pünktlich ins Restaurant. Seine Freundin muss nicht warten.

   _Karim kommt pünktlich ins Restaurant, damit ..._____.

2. Alle ziehen die Schuhe aus. Die Wohnung wird nicht schmutzig.

   _____

3. Man spricht im Restaurant nicht zu laut. Man stört die anderen Gäste nicht.

   _____

4. Ich stehe in der U-Bahn auf. Die alte Dame kann sich setzen.

   _____

5. Man sagt „Bitte" und „Danke". Man ist freundlich zu anderen Leuten.

   _____

6. Man bleibt an der roten Ampel stehen. Die Kinder tun das auch.

   _____

d Ergänzen Sie die Sätze.

1. Ich habe meinen Freund angerufen, damit _____.

2. Ich fahre nach _____, um _____.

3. Meine Familie trifft sich oft/manchmal, damit _____.

4. Ich lerne Deutsch, um _____.

5

Wozu genau machen die Personen das? Schreiben Sie die Sätze.

1. *Die Frau* _____

   _____

2. _____

   _____

3. _____

   _____

4. _____

   _____

6

Sie haben Post. Lesen Sie die E-Mail und schreiben Sie eine Antwort mit mindestens drei Ratschlägen. Kreuzen Sie in der Checkliste an, was Sie bei Ihrer Antwort beachten müssen.

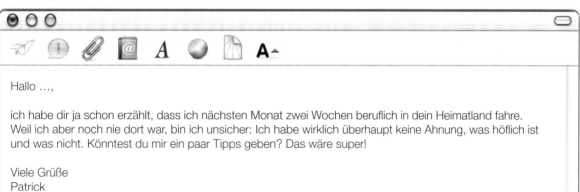

Hallo …,

ich habe dir ja schon erzählt, dass ich nächsten Monat zwei Wochen beruflich in dein Heimatland fahre. Weil ich aber noch nie dort war, bin ich unsicher: Ich habe wirklich überhaupt keine Ahnung, was höflich ist und was nicht. Könntest du mir ein paar Tipps geben? Das wäre super!

Viele Grüße
Patrick

Das habe ich gemacht:

- Denken Sie an die Anrede und die Grußformel am Schluss. ☐
- Schreiben Sie einen Einleitungssatz wie z.B.: *Ich freue mich, dass du nach … fährst.* ☐
- Verwenden Sie Konnektoren wie *weil, wenn, damit, um … zu, …* ☐
- Achten Sie auf die Position von Verb und Subjekt. ☐
- Lesen Sie Ihren Text am Ende noch einmal und korrigieren Sie ihn. ☐

Du oder Sie?

7 Wer sagt was? Sehen Sie die Bilder an und ordnen Sie die Sprechblasen zu.

*Guten Morgen, Frau Goerke.
Sie sind ja schon früh da.*

*Darf ich Ihren
Hund streicheln?*

*Klar. Was willst
du denn wissen?*

*Oma, kommst du
jetzt endlich?*

*Kannst du mir helfen?
Ich habe eine Frage.*

*Ja, ich habe
heute viel zu tun.*

8

a Anrede-Regeln in verschiedenen Ländern. Welcher Beitrag passt zu Deutschland? Lesen Sie
die Forumsbeiträge und kreuzen Sie an.

☐ **mika23** In meinem Heimatland haben wir eigentlich zwei Möglichkeiten, nämlich „du" oder
„Sie". Aber „Sie" verwendet man nur sehr selten. Schon beim ersten Kennenlernen wechselt man
↳ normalerweise von „Sie" auf „du", auch im Beruf.

☐ **joann@** Wir haben nur eine Form, und das ist ein „Du". Für mich ist das ganz normal, denn so gibt
es keine Unterschiede. Außerdem ist es einfach, weil man nicht nachdenken muss, welche Anrede
↳ man verwenden sollte. Man kann aber trotzdem höflich und weniger höflich mit anderen Menschen
sprechen, denn dafür gibt es noch viele andere Möglichkeiten.

☐ **prinz** In meiner Sprache haben wir „Du" und „Sie" und verwenden beides. Es hängt zum Beispiel
vom Alter ab, welche Form man verwendet. Eine Rolle spielt auch, wie gut man sich kennt und in
↳ welcher Situation man ist. Ich finde das sehr gut, denn man kann so mit der Sprache Höflichkeit,
Nähe oder Respekt ausdrücken.

☐ **sonne2** Höflichkeit ist in meinem Land sehr wichtig, deshalb haben wir sogar mehr als zwei Anredeformen. Wir haben Ergänzungen, die wir an den Namen hängen. Es ist wichtig, dass man so Respekt
↳ zeigt. Für Ausländer ist das sehr schwer, weil es in anderen Sprachen meistens viel einfacher ist.

b Welche Person aus dem Forum in 8a sagt das? Notieren Sie den Nicknamen.

1. Bei uns gibt es das Problem nicht. Es gibt keine verschiedenen Wörter für die Anrede. _____

2. In meiner Sprache ändert man auch die Form von einem Namen, wenn man höflich sein will.

   _____

3. In meinem Land sagt man zu den meisten Leuten „du". _____

c Schreiben Sie auch einen Kommentar wie in 8a: Welche Anrede-Regeln gefallen Ihnen am besten?

> *Du und Sie? Das ist mir zu kompliziert.*
> *Ich finde, ...*

d Du oder Sie? Lesen Sie den Text in Aufgabe 8a im Kursbuch noch einmal und kreuzen Sie an: Sind die Aussagen richtig oder falsch?

	richtig	falsch
1. Ein vierähriges Kind sagt „Sie" zu Erwachsenen.	☐	☐
2. In der Familie duzt man alle, egal wie alt sie sind.	☐	☐
3. Für Deutschland, Österreich und die Schweiz gibt es unterschiedliche Regeln.	☐	☐
4. In Lokalen kann der Gast entscheiden, ob er „du" oder „Sie" verwendet.	☐	☐
5. Bei der Arbeit gibt es keine festen Regeln für die Anrede.	☐	☐

e Lesen Sie die Mail von Ria. Welches Problem hat sie? Kreuzen Sie an.

a Sie weiß nicht, wann sie „Sie" verwenden soll.

b Jemand hat sie um Hilfe gebeten und sie konnte nicht helfen.

c Sie weiß nicht, wie man fremde Leute anspricht.

Hallo Judith,
jetzt bin ich seit einer Woche in Deutschland und habe eine Frage an dich. Wie spricht man eigentlich fremde Personen an? Auf Indonesisch sage ich bei der Anrede zum Beispiel „Ibu", also „Frau", oder auf Englisch „Madam". Aber wie ist das auf Deutsch? Kannst du mir einen Tipp geben?
Viele Grüße, Ria

f Lesen Sie die Antwort von Judith und markieren Sie die Tipps. Macht man das bei Ihnen genauso oder anders?

Hallo Ria,
„Frau" oder „Herr" kann man nur mit Nachnamen sagen. Es ist vielleicht schade, aber in Deutschland gibt es keine besondere Anredeform wie auf Englisch „Sir" oder „Madam". Wenn du hier jemanden ansprechen willst, dann solltest du zuerst Blickkontakt aufnehmen, also der Person in die Augen schauen. Und dann beginnst du mit „Entschuldigung" oder „Entschuldigen Sie bitte". Wenn kein Blickkontakt möglich ist, dann kannst du auch direkt „Entschuldigung" sagen. Es ist für uns ganz normal, dass du keine Anrede benutzt. Deshalb ist es auch nicht unhöflich.
Also viel Erfolg beim nächsten Mal. ☺ Und besuch mich bald mal!
Deine Judith

g Schreiben Sie selbst auch eine Mail an Ria und erklären Sie, wie man in Ihrem Heimatland Fremde anspricht.

9

a Hören Sie das Gespräch. Welche Informationen gibt Rafaela zu den Personen? Notieren Sie.

🔘
2.40

Regina:

Julia:

Leander:

Anna:
— *R. kennt sie schon lange*
— *arbeiten ...*

Maria:

Charlotte:

b Lesen Sie die Sätze und kreuzen Sie an, welcher Satz passt.

1. Das sind die Kolleginnen, die ich besonders gern mag.
   - a Ich mag die Kolleginnen.
   - b Die Kolleginnen mögen mich.
2. Herr Zboril da hinten rechts ist der Kollege, den ich oft anrufe.
   - a Herr Zboril ruft mich oft an.
   - b Ich rufe Herrn Zboril oft an.
3. Ich habe eine Praktikantin, die mich oft um Hilfe bittet.
   - a Ich bitte die Praktikantin oft um Hilfe.
   - b Die Praktikantin bittet mich oft um Hilfe.
4. Ich arbeite in einem Team, das mich sehr motiviert.
   - a Das Team motiviert mich.
   - b Ich motiviere das Team.

c Schreiben Sie die Sätze zu Ende.

1. Gerd isst am liebsten Pizza, *die er selbst gemacht hat.*
   (Er hat sie selbst gemacht.)

2. Er fährt oft mit dem Fahrrad, _____
   (Seine Freundin hat es ihm geschenkt.)

3. Am Vormittag trinkt er einen Kaffee, _____
   (Seine Sekretärin hat ihn gekocht.)

4. Im Moment arbeitet er mit einem Kollegen, _____
   (Er mag den Kollegen besonders gern.)

5. Er bekommt viele Aufträge von Kunden, _____
   (Er kennt sie schon lange.)

d Relativpronomen im Nominativ (N) oder Akkusativ (A)? Markieren Sie und ergänzen Sie dann das Relativpronomen.

1. Ich habe mir eine Hose gekauft,

   a ___die___ mir gut steht. N / A

   b _____ gerade modern ist. N / A

   c _____ ich auf dem Fest tragen will. N / A

2. Ich habe gestern ein Auto gesehen,

   a _____ mir total gut gefällt. N / A

   b _____ ich mir kaufen möchte. N / A

   c _____ toll aussieht. N / A

3. Auf dem Tisch liegen die Bücher,

   a _____ mir wichtig sind. N / A

   b _____ ich im Urlaub gelesen habe. N / A

   c _____ ich dir leihen möchte. N / A

4. Clemens ist ein Freund,

   a _____ ich seit der Schulzeit kenne. N / A

   b _____ immer gute Laune hat. N / A

   c _____ ich oft treffe. N / A

10

a **Aussage oder Frage? Hören Sie und notieren Sie die Satzzeichen „.“ oder „?“. Lesen Sie die Sätze und Fragen laut.**

2.41

1. Sascha ist erst zwanzig ___
2. Sascha lernt Deutsch ___
3. Er war in Frankfurt ___
4. Sein Bruder ist Millionär ___

5. Sascha liebt Paula ___
6. Paula hat zwei Kinder ___
7. Er kommt heute ___
8. Sie machen morgen ein Fest ___

b **Lesen Sie den Dialog und notieren Sie die Satzzeichen „.“ oder „?“. Hören Sie dann Susan und sprechen Sie die Rolle von Beatrix.**

2.42

Susan: Hast du schon das Neueste gehört ___ Sascha hat geheiratet ___

Beatrix: Sascha hat geheiratet ___ Warum hat mir das niemand gesagt ___

Susan: Es war ein Geheimnis. Ich habe es selbst erst gestern gehört ___

Beatrix: Erst gestern ___

Susan: Ja, erst gestern. Aber sie machen noch ein großes Fest, nächsten Samstag ___

Beatrix: Nächsten Samstag ___ Da habe ich keine Zeit.

Immer diese Klischees ...

11

Wortschatz

a **Bilder im Kopf. Was verbinden Sie mit Deutschland, Österreich und der Schweiz? Notieren Sie zu jedem Land einige Stichpunkte. Vergleichen Sie in der Gruppe.**

> Ordnung • Wirtschaft • Qualität • viel Industrie • Natur • Regen und Wolken • ...

Österreich　　　　　　Deutschland　　　　　　Schweiz

b **Formulieren Sie die Stichpunkte aus 11a so, dass Sie Ihre subjektive Meinung ausdrücken. Verwenden Sie dazu die Redewendungen.**

> Oft hört man, ... • Ich habe immer gedacht, dass ... • Einmal habe ich erlebt, dass ... •
> Mir ist (nicht) aufgefallen, dass ... • Manche Leute sagen, dass ...

1. *Ich habe immer gedacht, dass Qualität typisch für die Schweiz ist.*
2. _____
3. _____
4. _____
5. _____
6. _____
7. _____

12 a Lesen Sie den Text in Aufgabe 12a im Kursbuch noch einmal und beantworten Sie die Fragen.

1. Wo hat der Autor studiert? [a] In Österreich. [b] In den USA. [c] In Deutschland.
2. Wie findet der Autor Traditionen wie den Opernball? [a] Sehr gut. [b] Interessant. [c] Blöd.
3. Wer kann Ski fahren? [a] Der Autor. [b] Seine Freunde. [c] Alle Österreicher.
4. Wer ist höflicher? [a] Die Österreicher. [b] Die Deutschen. [c] Beide sind gleich höflich.
5. Der Autor denkt, Klischees … [a] stimmen selten. [b] stimmen für alle. [c] stimmen zum Teil.

b Schreiben Sie einen Kommentar zum Text in Aufgabe 12a im Kursbuch.

Lieber Blogger,

ich habe deinen Eintrag über österreichische Klischees gelesen. Ich finde deine Informationen _____

_____

_____

_____

_____

c Klischees über die Schweiz. Bringen Sie die Sätze in die richtige Reihenfolge.

____ Drittens sind nicht alle Schweizer reich.

____ Am häufigsten hört man als Schweizer, dass die Schweizer sehr ordentlich sind.

_1_ Mein Thema sind Klischees über die Schweiz.

____ Ein zweites Klischee ist das Essen. Wir Schweizer ernähren uns nicht nur von Käse und Schokolade, aber beides ist sehr lecker.

____ Für meine Freunde und mich stimmt das nicht, wir sind oft ziemlich chaotisch.

____ Abschließend möchte ich sagen, dass mir einige Klischees gut gefallen. Ich wohne nämlich gern dort, wo es viele Berge, gute Luft und leckeres Essen gibt.

____ Die Banken sind wichtig, aber nicht alle Menschen haben viel Geld.

13 Lesen Sie den folgenden Kommentar zum Thema Klischees und ergänzen Sie die Lücken.

Ich _____ (1) aus Deutschland und möchte etwas _____ (2) deutsche Klischees schreiben.

Eine häufige Meinung ist, _____ (3) die Deutschen immer pünktlich und ordentlich sind. Das

_____ (4) sicher für einige Menschen und die meisten gehen pünktlich zur _____ (5) und zu

beruflichen Terminen, aber privat ist das _____ (6) immer so. Ein anderes _____ (7) ist, dass alle

Deutschen gern Auto fahren. Natürlich haben viele Deutsche _____ (8) Auto, aber auch Fahrradfahren

_____ (9) sehr beliebt. Oder die Menschen gehen zu Fuß oder fahren mit _____ (10) Bus. Ich

denke, in Deutschland _____ (11) man nicht häufiger mit dem Auto als in anderen europäischen Ländern.

Zum _____ (12) möchte ich sagen, dass ich erst _____ (13) Ausland über deutsche Klischees

nachgedacht habe. Es ist interessant, dass man dann einen anderen Blick auf sein Heimatland bekommt. Viele

Klischees sind zum Teil _____ (14), aber sie treffen nie für alle Menschen in einem Land zu.

··
fährt • nicht • richtig • dass • Klischee • komme • Arbeit • stimmt • ein • im • dem • Schluss • ist • über
··

Das kann ich nach Kapitel 12

R1 Arbeiten Sie zu zweit. Jeder wählt drei Fragen und stellt sie dem Partner / der Partnerin. Antworten Sie mit *damit* oder *um ... zu*.

Wozu braucht man einen Computer?　　Wozu machen Sie Sport?
Wozu lernen Sie Deutsch?　　Wozu braucht man ein Handy?
Wozu fährt man in Urlaub?　　Wozu brauchen Sie Geld?

	☺☺	☺	😐	☹	KB	AB
💬✏ Ich kann Absichten ausdrücken.	☐	☐	☐	☐	4–5	4–5

R2 Arbeiten Sie zu zweit und schreiben Sie zu jedem Bild einen kurzen Dialog. Achten Sie auf die Anrede. Spielen Sie die Dialoge vor.

Mensa-Preise Studenten: 3,50€
Gäste: 5,00€

	☺☺	☺	😐	☹	KB	AB
💬 Ich kann die passende Anrede verwenden.	☐	☐	☐	☐	7	8a, c

R3 Schreiben Sie die Sätze mit den Stichpunkten zu Ende.

1. Ich treffe heute eine Freundin, _____ (seit 15 Jahren kennen).
2. Ich war bei den Freunden, _____ (mich oft einladen).
3. Dort steht das Auto, _____ (super finden).
4. Leider ist der Wagen, _____ (kaufen wollen), zu teuer.

	☺☺	☺	😐	☹	KB	AB
✏ Ich kann nähere Informationen zu einer Person oder Sache geben.	☐	☐	☐	☐	9	9

Außerdem kann ich	☺☺	☺	😐	☹	KB	AB
👂 ... eine Radiosendung über Benehmen verstehen.	☐	☐	☐	☐		3
👂 ... Gespräche über Klischees verstehen.	☐	☐	☐	☐	11b, c	
💬 ... über Benehmen sprechen.	☐	☐	☐	☐	4–6	
💬✏ ... über Anredeformen sprechen und schreiben.	☐	☐	☐	☐	8	8g
💬✏ ... über Klischees sprechen und schreiben.	☐	☐	☐	☐	11a, d, 13	11b, 12b
📖👂 ... Informationen über andere Kulturen verstehen.	☐	☐	☐	☐	1–3	2a, b
📖👂 ... Tipps in einem Text verstehen.	☐	☐	☐	☐	8	8f
📖 ... einen Blog über Klischees verstehen.	☐	☐	☐	☐	12	12a
✏ ... über Traditionen in meinem Land schreiben.	☐	☐	☐	☐		2c
✏ ... über Benehmen in meinem Land schreiben.	☐	☐	☐	☐		6

Lernwortschatz Kapitel 12

Traditionen

der Gast, Gäste _____

die Gastfreundschaft (Singular) _____

der Gastgeber, – _____

die Gastgeberin, -nen _____

Neujahr (ohne Artikel) _____

Silvester (ohne Artikel) _____

Silvester und Neujahr feiern _____

die Kaffeebohne, -n _____

der Ofen, Öfen _____

die Tradition, -en _____

die Zeremonie, -n _____

der Wandergeselle, -n _____

der Geselle, -n _____

die Wanderschaft (Singular) (= die Walz) _____

dazu|gehören _____

dekorieren _____

rösten _____

streng _____

Wenn man die Tradition streng sieht, ... _____

Höflichkeit

das Benehmen (Singular) _____

die Hausschuhe (Plural) _____

die Höflichkeit (Singular) _____

die Portion, -en _____

die Regel, -n _____

die Sache, -n _____

die Sache mit den Schuhen _____

die Sorge, -n _____

Mach dir keine Sorgen. _____

das Taschentuch, -tücher _____

an|lassen _____

die Schuhe anlassen _____

beeindrucken _____

heißen _____

Das heißt, dass er zuhört. _____

hoch|ziehen _____

die Nase hochziehen _____

putzen _____

die Nase putzen _____

schlürfen _____

um|rühren _____

gierig _____

höflich ↔ unhöflich _____

klar _____

neulich _____

Neulich war ich bei einem Kollegen. _____

normal _____

traditionell _____

typisch _____

sicher ↔ unsicher _____

sich sicher sein _____

unzufrieden _____

jemanden anreden

die Ausnahme, -n _____

der/die Bekannte, -n _____

die Distanz, -en _____

der/die Erwachsene, -n _____

an|bieten _____

das Du anbieten _____

duzen (= „du" sagen) _____

siezen (= „Sie" sagen) _____

automatisch _____

Erwachsene siezen sich automatisch. _____

befreundet _____

generell _____

Generell gilt, dass man ... _____

korrekt _____

passend _____

die passende Anrede finden _____

über Klischees reden

die Eigenschaft, -en _____

das Klischee, -s _____

Ein typisches Klischee ist, dass ... _____

_____

die Ordnung (Singular) _____

der Quatsch (Singular) _____

So ein Quatsch! _____

beleidigt _____

schnell beleidigt sein _____

persönlich _____

Ich persönlich interessiere mich für ... _____

_____

überhaupt _____

Ich kann überhaupt nicht ... _____

unterschiedlich _____

Das ist von Mensch zu Mensch unterschiedlich. _____

einen Text schreiben

die Aussage, -n _____

die Meinung, -en _____

das Thema, Themen _____

der Schluss (Singular) _____

zum Schluss kommen _____

die Zusammenfassung, -en _____

äußern _____

die Meinung äußern _____

zusammen|fassen _____

abschließend _____

andere wichtige Wörter und Wendungen

der/die Einzige, -n _____

Ich war der Einzige in Socken. _____

_____

die Industrie, -n _____

die Qualität (Singular) _____

die Wirtschaft (Singular) _____

kriegen _____

Ich kriege eine Suppe. _____

_____

Gib Acht! _____

eher _____

hier und dort _____

möglich _____

so leise wie möglich _____

nämlich _____

schließlich _____

um _____

Ich grüße, um höflich zu sein. _____

_____

wichtig für mich

_____

_____

_____

Schreiben Sie die Wörter mit Artikel.

BE   DI   FREUND   GAST   GEL   MEN   MO   NEH   NIE   NUNG   ORD   RE   RE   SCHAFT   TION   TRA   ZE

_____

_____

_____

Lesen: Teil 3 – Kleinanzeigen verstehen

1 **Was können Sie schon? Kreuzen Sie an.**

Ich kann ...

☐ ... kurze, einfache Texte verstehen.

☐ ... einfache Anzeigen verstehen.

☐ ... wichtige Informationen in Texten finden.

> Sie lesen in der Prüfung (Lesen: Teil 3) eine Beispielsituation, fünf weitere Situationen und acht Anzeigen (aus der Zeitung oder dem Internet). Sie suchen für jede Situation eine passende Anzeige. Für eine Situation gibt es keine Anzeige. Drei Anzeigen bleiben übrig.

2 **Lesen Sie die Situationen und die Anzeigen. Achten Sie auf die markierten Informationen und ordnen Sie die Anzeigen zu.**

1 Ihr Freund hat bald Urlaub und möchte einen Deutschkurs machen. Der Kurs soll jeden Tag stattfinden. ____

2 Sie suchen einen Nebenjob. Sie mögen Sprachen und Kontakt mit anderen Menschen und haben am Nachmittag Zeit. ____

> Manche Situationen und Anzeigen sind sehr ähnlich. Lesen Sie ganz genau und markieren Sie die wichtigen Informationen.

Urlaub, Menschen und mehr! **A**

Wir organisieren spannende Kulturreisen.
Fahren Sie mit netten Menschen
durch ganz Deutschland!
Mehr Infos: www.busreisen-kampe.de

Deutsch, Englisch, Spanisch und, und, und ... **B**

Besuchen Sie unsere Ferienintensivkurse!
Unterricht täglich von 9–13 Uhr. Auch Einzeltraining möglich.
Sprachschule Bellalingua
0221 – 89 44 310
Mitten im Zentrum

C 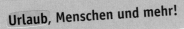 **Sprachschule sucht Assistenten**

Sprache ist Ihr Hobby? Sie interessieren sich für
Menschen und Kulturen?
Ihre Stelle: Sie organisieren das Freizeitprogramm für
unsere Studenten. Täglich von 14–17 Uhr, nettes Team!
www.sprach-institut-könig.de

3 **Die Prüfungsaufgabe**

> Teil 3
> Lesen Sie die Anzeigen a–h und die Aufgaben 1–5.
> Welche Anzeige passt zu welcher Situation?
> Für eine Aufgabe gibt es keine passende Lösung. Schreiben Sie hier den Buchstaben X.

Beispiel

0 Sie wollen nicht mehr zu Hause arbeiten und suchen einen Büroraum.

Situation	0	1	2	3	4	5
Anzeige	*d*					

1 Ihr Haus ist schon alt. Sie suchen jemanden, der es renoviert.

2 Sie gehen zwei Jahre ins Ausland und möchten Ihre Wohnung für diese Zeit vermieten.

3 Es ist Samstagabend und Sie stehen vor Ihrer Tür. Ihr Wohnungsschlüssel ist weg.

4 Sie machen für sechs Monate ein Praktikum in Köln und suchen ein Zimmer im Zentrum.

5 Sie möchten, dass sich jemand um Ihre Katze kümmert, wenn Sie im Urlaub sind.

---

a
Wir suchen Dich!
WG in Köln sucht Mitbewohner für
mindestens ein halbes Jahr. Wenn du ein
günstiges Zimmer (250 € inkl.) suchst
und nett bist, ruf an: 0221-43189294

---

b
Tornlach – der Baumarkt in Köln
Sie wollen Ihre Wohnung modernisieren
oder Ihren Garten verschönern?
Bei uns finden Sie alles, was Sie brauchen!
Tornlach – Seidterstr. 108 – 50670 Köln

---

c
Der Schlüssel zum Glück!
3-Zimmer-Wohnung in sehr guter Lage
zu verkaufen. Informieren Sie sich unter
www.schlüsselzumglück.de

---

d̶
Architekturbüro bietet Arbeitsraum
Wir sind in einen großen Althau gezogen
und haben zu viel Platz. Deshalb vermieten
wir ein Zimmer: ca. 20 qm und sehr hell.
0221 / 458990114

---

e
Aus alt wird neu mit den „Hausengeln"
Seit 15 Jahren modernisieren wir Häuser
und Wohnungen. Wir garantieren
Zuverlässigkeit und Qualität zum
fairen Preis.
Kostenlose Beratung: 0221/7831000

---

f
Schnell – preiswert – professionell
Schlüsseldienst Kirchner ist 24 Stunden
täglich für Sie da, auch am Wochenende.
Für Sie öffnen wir alle Türen!
SD Kirchner
0221-892199 oder 0172-903101283

---

g
Mein Service für Sie
Ich bin 22 Jahre alt, tierlieb und
zuverlässig und kümmere mich gern um
Ihre Haustiere, wenn Sie Ferien haben.
0156-898983331 oder mitzi@gxm.de

---

h
**Möbelpacker – Attraktiver Job für
Studenten**
Wir suchen sportliche und flexible Leute.
Aufgaben: Verpacken und Transport von
Möbeln und Umzugskisten. Gutes Gehalt!
Umzug Meier 0221-2020888

Sprechen: Teil 3 – Etwas aushandeln

4 Was können Sie schon? Kreuzen Sie an.

Ich kann ...

☐ ... mich verabreden.
☐ ... Vorschläge machen und reagieren.
☐ ... gemeinsam mit anderen Personen etwas planen.

☐ ... etwas begründen.
☐ ... auf Informationen reagieren.

> In der Prüfung (Sprechen: Teil 3) handeln Sie zusammen mit einem Partner / einer Partnerin etwas aus. Sie sollen sich z. B. zu einer gemeinsamen Aktivität verabreden oder Aufgaben besprechen (ein Fest planen, den Haushalt organisieren, ...). Für das Gespräch bekommen Sie einen Zettel mit Informationen, z. B. einen Terminkalender, einen Einkaufszettel oder eine Liste mit Arbeitsaufträgen.

5

a Sehen Sie das Beispiel an. Bringen Sie die Tipps in eine passende Reihenfolge.

Eine Freundin hat Geburtstag. Sie wollen morgen zusammen mit Ihrem Partner / Ihrer Partnerin ein Geschenk für sie kaufen. Finden Sie einen gemeinsamen Termin. Machen Sie Vorschläge.

A

9.00	Max zum Bahnhof bringen
10.00	Einkaufen auf dem Markt
11.00	
12.00	Fitness-Studio
13.00	Treffen mit Ole und Vera

B

9.00	6 bis 9 Job in der Bäckerei
10.00	ab 9.30 Oma besuchen
11.00	
12.00	
13.00	lernen: Test am Dienstag!!!

Tipp ☐ Wann haben Sie genug Zeit? Schlagen Sie Ihrem Partner diesen Termin vor.
Tipp [1] Lesen Sie Ihren Kalender genau. Welche Termine können Sie nicht ändern?
Tipp ☐ Prüfen Sie: Passt der Gegenvorschlag von Ihrem Partner zu Ihrem Zeitplan?
Tipp ☐ Stimmen Sie zu, wenn der Terminvorschlag von Ihrem Partner auch für Sie möglich ist.
Tipp ☐ Nennen Sie am Schluss noch einmal den Termin.
Tipp ☐ Schlagen Sie einen Treffpunkt vor, wenn Sie einen Termin gefunden haben.

b Wo passen die Aussagen? Ordnen Sie in der Tabelle zu.

1. Können wir uns um ... treffen? Hast du da Zeit?
2. Nein, leider. Da ...
3. Ja, schon, aber ich habe um ... einen Termin ...
4. Kannst du vielleicht auch früher/später, um ...?
5. Geht das/... bei dir nicht früher/später?
6. Dann machen wir es also so: Am ... um ...
7. Kannst du um ... bei/in ... sein?
8. Das ist gut. Also dann, um ... bei/in ...
9. Okay, dann mache ich das früher/später.

> **Spielen Sie das Gespräch wie ein echtes Gespräch.** Seien Sie im Gespräch aktiv. Stellen Sie viele Fragen. Antworten Sie nicht nur kurz! Sagen Sie Ihrem Partner/Ihrer Partnerin auch, warum Sie nicht können. Seien Sie höflich – und lächeln Sie.

einen Vorschlag machen	zustimmen oder ablehnen	einen Gegenvorschlag machen	am Ende das Ergebnis sagen
1., ...			

6 Die Prüfungsaufgabe

Teil 3

Etwas aushandeln (Kandidat A).
Sie wollen am Samstag eine Stunde zusammen im Fitness-Studio trainieren.
Finden Sie einen passenden Termin. Machen Sie Vorschläge.

Samstag, 25. Juni

Zeit	
7.00	
8.00	
9.00	→ ausschlafen!!!
10.00	Frühstück mit Pavel und Monika
11.00	11.30 Tom holt Grill und Campingstühle
12.00	
13.00	mit Hund spazieren gehen, kleines Geschenk für Tom kaufen!!
14.00	
15.00	lernen für Abschlussprüfung
16.00	
17.00	
18.00	Grillen bei Tom
19.00	
20.00	

Teil 3

Etwas aushandeln (Kandidat B).
Sie wollen am Samstag eine Stunde zusammen im Fitness-Studio trainieren.
Finden Sie einen passenden Termin. Machen Sie Vorschläge.

Samstag, 25. Juni

Zeit	
7.00	
8.00	
9.00	Wochenmarkt am Hallerplatz
10.00	Trainerstunde Tennis
11.00	
12.00	Mittagessen „Café Hedwig" mit Ella
13.00	
14.00	Wohnung aufräumen, Bad putzen
15.00	Eltern kommen zum Kaffee
16.00	
17.00	Klavier üben
18.00	Kinder von Geburtstagsfest abholen
19.00	Filmfestival im Leo-Kino: „Tuya"
20.00	

Sätze

Hauptsatz und Nebensatz
K1, K3, K4, K7, K9, K10, K12

Hauptsatz	Nebensatz		
Rick freut sich,	**weil**	Lisa zum Abendessen	**kommt.**
Steven findet es gut,	**dass**	die Kollegen über Internet	**anrufen.**
Lena war nie da,	**wenn**	Melly zu Hause	**war.**
Ich war sechzehn,	**als**	ich das erste Mal	gejobbt **habe.**
Der Mann fragt,	**wann**	der Zug	abgefahren **ist.**
Marius möchte wissen,	**ob**	Tom zum Essen	**kommt.**
Man sagt zuerst „nein",	**damit**	man nicht unhöflich	**wirkt.**
Peter Veit ist der Sprecher,	**der**	in der Sendung	eingeschlafen **ist.**
	Konnektor		Satzende: Verb

Im **Nebensatz** steht das Verb am **Satzende.** Nach dem Konnektor steht meistens das Subjekt.

Nebensatz vor dem Hauptsatz
K4, K9

Nebensatz				Hauptsatz		
Wenn	das Wetter schlecht	**ist,**	(dann)	**bin**	ich unglücklich.
Weil	er viel	arbeiten **muss,**		**ist**	er abends oft müde.
Als	ich vierzehn	**war,**		**bin**	ich nach Berlin gefahren.
Konnektor		Verb		Verb	

Verb

Konjunktiv II: Formen
K7, K9, K11

	sein		haben	
	Präteritum	Konj. II	Präteritum	Konj. II
ich	war	**wäre**	hatte	**hätte**
du	warst	**wär**st	hattest	**hätt**est
er/es/sie	war	**wäre**	hatte	**hätte**
wir	waren	**wär**en	hatten	**hätt**en
ihr	wart	**wär**t	hattet	**hätt**et
sie/Sie	waren	**wär**en	hatten	**hätt**en

	Modalverb: können	Modalverb: sollen		andere Verben: würde + Infinitiv
ich	könn**te**	soll**te**	ich	**würde** ... essen
du	könn**test**	soll**test**	du	**würdest** ... fahren
er/es/sie	könn**te**	soll**te**	er/es/sie	**würde** ... schlafen
wir	könn**ten**	soll**ten**	wir	**würden** ... schwimmen
ihr	könn**tet**	soll**tet**	ihr	**würdet** ... helfen
sie/Sie	könn**ten**	soll**ten**	sie/Sie	**würden** ... lachen

Konjunktiv II: Verwendung   K11

höfliche Bitte:	**Könntet** ihr mir (bitte) helfen? • **Würden** Sie bitte das Fenster **aufmachen**?
Wunsch:	Ich **hätte gern** mehr Zeit. • Er **würde gern** ins Kino **gehen**.
Ratschlag:	Ich **würde** mit meinem Chef **sprechen**. • Du **solltest** unbedingt Pausen machen.

Verben mit Präposition   K11

Wir **freuen** uns **auf** den Ausflug.	sich freuen auf + Akk.
Er **denkt an** uns.	denken an + Akk.
Sie **spricht mit** ihren Freunden.	sprechen mit + Dat.

Weitere Verben: sich ärgern über + Akk., sich kümmern um + Akk., warten auf + Akk., ...

Verben mit Dativ und Akkusativ   K8

Dativ vor Akkusativ

Nominativ	Verb	Dativ	Akkusativ
Die Profis	erklären	den Leuten	die Regeln.
Sie	geben	den Besuchern	Helme.
		Person	Sache

Weitere Verben: einer Person etwas schenken, erklären, geben, bringen, schicken, zeigen, anbieten, ...

Akkusativ als Pronomen? → Akkusativ vor Dativ

Nominativ	Verb	Akkusativ	Dativ
Die Profis	erklären	sie	ihnen / den Leuten.
Sie	geben	sie	ihnen / den Besuchern.
		Sache	Person

Substantive

Genitiv: Name + -s   K7

der Beruf von Lina → Lina**s** Beruf
der Arbeitstag von Tom → Tom**s** Arbeitstag

der Tag von Klau<u>s</u> → Klaus' Tag
die E-Mail von Ma<u>x</u> → Max' E-Mail
die Nummer von Morit<u>z</u> → Moritz' Nummer

Artikelwörter

Interrogativartikel   K10

Was für ein(e) ...?	**Welcher/-es/-e ...?**
Frage nach Neuem / nicht Bekanntem:	Frage nach Bekanntem:
◆ Auf **was für ein** Konzert gehst du?	◆ Auf **welches** Rockkonzert gehst du?
◆ Auf **ein** Rockkonzert.	◆ Auf **das** von Rammstein.

Pronomen

man, jemand, niemand und *alles, etwas, nichts* K10

Man, *jemand* und *niemand* stehen für **Personen**. Man verwendet sie immer im **Singular**.
Hier ist niemand. Jemand tanzt. Man kann mit Kreditkarte bezahlen.

Alles, *etwas*, *nichts* stehen für **Sachen**. Man verwendet sie immer im **Singular**.
Haben wir alles? Siehst du etwas? Hier ist nichts.

Endungen bei *niemand* **und** *jemand*
Ich habe niemand(en)/jemand(en) gesehen. Ich habe die Karten niemand(em)/jemand(em) gegeben.
→ Mit oder ohne Endung: Beides ist richtig.

Relativpronomen: Nominativ K10

maskulin	**Der** Mann liebt Fußball.	Das ist der Mann,	**der** Fußball liebt.
neutrum	**Das** Kind war krank.	Das ist das Kind,	**das** krank war.
feminin	**Die** Frau arbeitet beim Fernsehen.	Das ist die Frau,	**die** beim Fernsehen arbeitet.
Plural	**Die** Leute sind sehr bekannt.	Das sind die Leute,	**die** sehr bekannt sind.

Formen Relativpronomen im Nominativ = Formen bestimmter Artikel im Nominativ

Relativpronomen: Akkusativ K12

maskulin	Ich kenne **den** Mann.	Das ist der Mann,	**den** ich kenne.
neutrum	Ich kenne **das** Kind.	Das ist das Kind,	**das** ich kenne.
feminin	Ich kenne **die** Frau.	Das ist die Frau,	**die** ich kenne.
Plural	Ich kenne **die** Leute.	Das sind die Leute,	**die** ich kenne.

Formen Relativpronomen im Akkusativ = Formen bestimmter Artikel im Akkusativ

Präpositionen

Temporale Präpositionen K7

mit Akkusativ	mit Dativ
bis ein Uhr	**ab** dem ersten Juni
über eine Stunde	**an** manchen Tagen
um zehn Uhr	**seit** vier Jahren
	vor einem Jahr
	nach dem Unterricht

Fragewörter

W-Fragen mit Präposition K11

Mit **Präposition** + **Fragewort** fragt man nach Personen.	**Über wen** ärgert sich Markus? Über den Lehrer. **Mit wem** hat er gesprochen? Mit Tom.
Mit *wo(r)* + **Präposition** fragt man nach Dingen und Ereignissen.	**Worüber** ärgert sich Markus? Über die Prüfung. **Worauf** freut er sich? Auf den Ausflug.

Wenn die Präposition mit Vokal beginnt, braucht man ein „r". Beispiel: worüber, worauf, ...

Sätze verbinden

Etwas begründen: *denn, weil*

K1, K7

Hauptsatz	Hauptsatz			
Er sollte weniger Kaffee trinken,	**denn**	Kaffee	**macht**	nervös.
Sie sollte in der Prüfung nachfragen,	**denn**	so	**kann**	sie Zeit gewinnen.
	Konnektor		Verb	

Hauptsatz	Nebensatz		
Er sollte weniger Kaffee trinken,	**weil**	Kaffee nervös	**macht**.
Sie sollte in der Prüfung oft nachfragen,	**weil**	sie so Zeit	gewinnen **kann**.
	Konnektor		Satzende: Verb

Folgen ausdrücken: *deshalb, trotzdem*

K8

Konsequenz / erwartete Folge				
Hauptsatz	**Hauptsatz**	**Hauptsatz**	**Hauptsatz**	
Ich spiele gut Tennis. →	Ich gewinne oft.	Ich spiele gut Tennis,	**deshalb**	gewinne **ich** oft.
Widerspruch / nicht erwartete Folge				
Ich spiele gut Tennis. ⇸	Ich verliere oft.	Ich spiele gut Tennis,	**trotzdem**	verliere **ich** oft.
			Konnektor Verb	Subjekt

als oder *wenn*

K9

Hauptsatz	Nebensatz			Hauptsatz
Vera freut sich,	**wenn**	Melly sie	**besucht**.	
	(Immer) wenn	Melly zu Hause	**war**,	war Lena nicht da.
Melly war noch in Fribourg,	**als**	sie den Umzug	vorbereitet **hat**.	
	Als	ich 14 Jahre alt	**war**,	bin ich nach Berlin gefahren.

Nebensätze mit *als* verwendet man für einmalige Ereignisse in der Vergangenheit.
Für mehrmalige Ereignisse in der Vergangenheit verwendet man *wenn*.
Im Präsens verwendet man immer *wenn*.

Absichten ausdrücken: *damit* und *um ... zu*

K12

	Absicht *(wozu?)*		
Der Gastgeber bietet mehrmals Essen an,	**damit**	alle Gäste satt	**werden**.
Subjekt Satz 1	≠	Subjekt Satz 2: *damit*	
Man sagt zuerst „nein",	**damit**	**man** nicht unhöflich	**wirkt**.
	um	nicht unhöflich	**zu wirken**.
Subjekt Satz 1	=	Subjekt Satz 2: *damit* oder *um ... zu*	

Relativsätze

Nominativ

Das ist <u>der Mann</u>. **Er** ist mein Kollege.

Das ist <u>der Mann</u>,   **der**   mein Kollege   **ist**.

Akkusativ

Das ist <u>der Mann</u>. Ich kenne **ihn** (**den** Mann) sehr gut.

Das ist <u>der Mann</u>,   **den**   ich sehr gut   **kenne**.

Eingeschobene Relativsätze

Der Mann steht dort. Er ist mein neuer Kollege.

Der Mann,   **der**   dort   **steht**,   ist mein neuer Kollege.

Der Mann ist mein neuer Kollege. Ich kenne den Mann seit gestern.

Der Mann,   **den**   ich seit gestern   **kenne**,   ist mein neuer Kollege.

Unregelmäßige Verben

Infinitiv	Präsens Singular	Partizip II	Beispielsatz
abschließen	er schließt ab	hat abgeschlossen	Hast du die Tür abgeschlossen?
anbieten	er bietet an	hat angeboten	Hast du ihm einen Kaffee angeboten?
aufschlagen	er schlägt auf	hat aufgeschlagen	Schlagen Sie bitte das Buch auf.
backen	er backt/bäckt	hat gebacken	Wir haben Brot gebacken.
besitzen	er besitzt	hat besessen	Sie besitzt drei Autos.
bestehen	er besteht	hat bestanden	Sie hat die Prüfung bestanden.
denken	er denkt	hat gedacht	Was denken Sie?
einfallen	es fällt ein	ist eingefallen	Mir fällt einfach nichts ein.
einziehen	er zieht ein	ist eingezogen	Wann kannst du in deine neue Wohnung einziehen?
entscheiden (sich)	er entscheidet	hat entschieden	Hast du dich für ein Buch entschieden?
entwerfen	er entwirft	hat entworfen	Entwerfen Sie ein Plakat!
erfinden	er erfindet	hat erfunden	Wer hat das Telefon erfunden?
fallen	er fällt	ist gefallen	Das Glas ist auf den Boden gefallen.
fliegen	er fliegt	ist geflogen	Wir fliegen dieses Jahr nach Chicago.
gelten	es gilt	hat gegolten	Generell gilt, dass sich Kinder duzen.
gießen	er gießt	hat gegossen	Könnten Sie bitte meine Blumen gießen?
halten	er hält	hat gehalten	Was hältst du von der Idee?
hängen	er hängt	hat gehangen	Der Mantel hängt an der Garderobe.
helfen	er hilft	hat geholfen	Danke, dass du mir geholfen hast.
kennen	er kennt	hat gekannt	Kennst du diesen Mann?
lassen	er lässt	hat gelassen	Lassen Sie auch Lücken für Pausen.
leihen	er leiht	hat geliehen	Leihst du mir einen Regenschirm?
mögen	er mag	hat gemocht	Er mag keine Tomatensauce.
reiten	er reitet	ist geritten	Früher ist sie viel auf ihrem Pferd geritten.
riechen	er riecht	hat gerochen	Die Rosen riechen gut.
scheinen	er scheint	hat geschienen	Die Sonne scheint.
schießen	er schießt	hat geschossen	Er hat ein Tor geschossen!
sprechen	er spricht	hat gesprochen	Sprechen Sie bitte nach dem Ton.
springen	er springt	ist gesprungen	Ich bin schon mal Fallschirm gesprungen.
steigen	er steigt	ist gestiegen	Die Temperatur steigt.
sterben	er stirbt	ist gestorben	Zum Glück ist er bei dem Unfall nicht gestorben.
stinken	er stinkt	hat gestunken	Der Müll stinkt.
streiten	er streitet	hat gestritten	Warum streitet ihr schon wieder?
tragen	er trägt	hat getragen	Kannst du kurz die Tasche tragen?
überweisen	er überweist	hat überwiesen	Ich habe das Geld auf dein Konto überwiesen.
verbinden	er verbindet	hat verbunden	Können Sie mich bitte mit Herrn Müller verbinden?
verlieren	er verliert	hat verloren	Ich habe mein Handy verloren.
verschieben	er verschiebt	hat verschoben	Sie haben die Prüfung auf Dienstag verschoben.
vorschlagen	er schlägt vor	hat vorgeschlagen	Ich möchte etwas vorschlagen.
wachsen	er wächst	ist gewachsen	Das Gras wächst schnell.

Alphabetische Wortliste

So geht's:

Hier finden Sie alle Wörter aus den Kapiteln 7–12 von **Netzwerk** Kursbuch A2 Teil 2.

Die fett markierten Wörter sind besonders wichtig. Sie brauchen sie für den Test „Start Deutsch" 1 und 2.

Diese Wörter müssen Sie also gut lernen. Bl<u>ei</u>stift, der, -e 9/5c

Ein Strich unter einem Vokal zeigt: Sie müssen den Vokal lang sprechen. <u>A</u>rt, die, -en 8/12b

Ein Punkt bedeutet: Der Vokal ist kurz. Ạngabe, die, -en 7/7c

Ein Strich nach einem Präfix bedeutet: Das Verb ist trennbar. Hinter unregelmäßigen Verben finden Sie auch die 3. Person Singular und das Perfekt. **ạb|geben** (gibt ab, hat abgegeben) 10/5b

Oft gibt es weitere grammatische Angaben in Klammern, z. B. bei reflexiven Verben oder Verben mit einer festen Präposition. **engagieren** (sich) (für/gegen + Akk.) 11/1a

Für manche Wörter gibt es auch Beispiele oder Beispielsätze. ạls (Als ich noch in Fribourg war, habe ich meinen Umzug gut vorbereitet.) 9/7b

Manche Wörter findet man im Arbeitsbuch, sie sind mit „AB" gekennzeichnet: Ap<u>a</u>rtment, das, -s AB 9/7a

In der Liste stehen keine Personennamen, keine Zahlen, keine Städte und keine grammatischen Formen.

So sieht's aus:

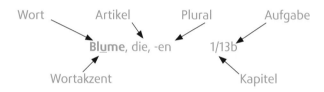

Wort   Artikel   Plural   Aufgabe

Bl<u>u</u>me, die, -en   1/13b

Wortakzent   Kapitel

Ạbbildung, die, -en 10/13b

Abenteuer, das, – 11/11a

ạb|geben (gibt ab, hat abgegeben) 10/5b

ạb|hängen (hängt ab, hat abgehangen) 11/13b

ạb|lehnen 8/8d

ạb|lesen (liest ab, hat abgelesen) 10/8a

ạb|malen 10/12b

ạb|melden 9/7a

Ạbreise, die (Singular) 9/10b

ạbschließend 12/12a

Abschlussprüfung, die, -en AB 11/1c

Ạbsicht, die, -en 12/4d

ạb|stellen (Ich stelle mein Fahrrad im Hof ab.) 9/4a

abstrạkt 10/12c

ạbwechslungsreich 7/6b

Ạcht (ohne Artikel, Singular) (Gib Acht: Die Ampel ist rot.) 12/8a

afrik<u>a</u>nisch 11/13a

Ạlbum, das, Alben 10/1b

Ạlkohol, der (Singular) AB 11/1a

ạls (Als ich noch in Fribourg war, habe ich meinen Umzug gut vorbereitet.) 9/7b

ạltmodisch 12/12a

Amph<u>i</u>theater, das, – AB 10/2a

Ạngabe, die, -n 7/7c

ạn|lassen (lässt an, hat angelassen) 12/3b

ạn|nehmen (nimmt an, hat angenommen) 9/5a

Ạnsage, die, -n 10/8a

Ap<u>a</u>rtment, das, -s AB 9/7a

Ạpfelkuchen, der, – 11/10b

Ạrbeit, die, -en (Maria schreibt heute eine Arbeit in Geografie.) 7/4a

Ạrbeitskollege, der, -n 12/3b

Ạrbeitsplan, der, -pläne 7/4a

Ar<u>e</u>na, die, Arenen AB 10/2a

<u>A</u>rt, die, -en 8/12b

Ạrztpraxis, die, -praxen AB 11/1a

Äthi<u>o</u>pien 12/1a

auch wẹnn 12/4a

Audioguide, der, -s 10/12b

auf (Auf zum Sport!) 8/8a

auf keinen Fall 12/4a

auf|fallen (fällt auf, ist aufgefallen) 10/13b

aufgeregt 10/11a

auf|schlagen (schlägt auf, hat aufgeschlagen) (Schlagen Sie bitte das Buch auf.) 9/6

Auftrag, der, Aufträge 7/6b

aus (Von mir aus gern.) 11/8a

aus|geben (gibt aus, hat ausgegeben) 9/12a

Aushilfe, die, -n 7/10a

aus|kennen (sich) (mit + Dat.) (kennt sich aus, hat sich ausgekannt) 9/7b

aus|leihen (leiht aus, hat ausgeliehen) 8/10a

Ausnahme, die, -n 12/8a

aus|räumen 9/5a

aus|suchen 11/11a

aus|teilen 11/4b

ausverkauft 10/9c

aus|ziehen (zieht aus, hat ausgezogen) (In Deutschland zieht man als Gast nicht automatisch die Schuhe aus.) 12/3b

autom<u>a</u>tisch 12/8a

balancieren 8/10a

Bạ̈llchen, das, – 8/5a

Bạllkleid, das, -er 12/12a

Bär, der, -en 9/12a

Bạ̈rchen, das, – 9/12a

bauen 8/13b

Bauernhof, der, -höfe 9/1a

Baum, der, Bäume 8/12c

bayrisch 10/1b

Be<u>a</u>mte, der, -n 12/8a

beeindrucken 12/1a

befreundet 12/8a

begeistert 8/5a

Begeisterung, die (Singular) 8/3d

begleiten 7/6b

Behälter, der, – 8/12c

Bekạnnte, der/die, -n 12/9b

beleidigt 12/12a

bẹllen 9/4a

bel<u>o</u>hnen 7/4d

benehmen (sich) (benimmt sich, hat sich benommen) 8/5a

Benehmen, das (Singular) 12/5

hin|fahren (fährt hin, ist hingefahren) 10/8a

Hintergrund, der, -gründe 10/13b

Hochseilgarten, der, -gärten 8/10a

Hochzeitstag, der, -e 10/8a

hoffen 8/3d

Hoffnung, die, -en 8/3d

Höflichkeit, die, -en 12/5

Höhle, die, -n 8/12c

Hörer, der, – 10/8a

immer wenn 9/7b

Industrie, die, -en AB 12/11a

Info, die, -s 8/10a

Insel, die, -n 9/1a

intensiv 9/1a

interessieren (sich) (für + Akk.) AB 11/9a

Internetadresse, die, -n 8/12c

Jahrhundert, das, -e 10/12b

Jazz, der (Singular) 10/3a

jeweilig 8/12c

Kaffeebohne, die, -n 12/1a

Kaffeezeremonie, die, -n 12/1a

Kaiserzeit, die (Singular) 12/12a

Kajak, das, -s 11/7a

Kajak-Ausflug, der, -Ausflüge 11/7a

Kajaktour, die, -en 11/10b

Kakao, der, -s AB 10/2a

Kamera, die, -s 9/13a

kapieren 7/3a

kaputt|gehen (geht kaputt, ist kaputtgegangen) 8/12c

Kärtchen, das, – 8/11

Kasse, die, -n AB 10/4a

Kategorie, die, -n 11/8a

Kätzchen, das, – 9/11c

Katze, die, -n 9/5c

Käufer, der, – 10/4b

Kauffrau, die, -en 9/1a

kaum 9/7b

Keller, der, – 9/1a

Kerzenlicht, das, -er 11/11a

Kinderwagen, der, – /-wägen AB 9/4a

Kiosk, der, -e AB 11/1c

Kleine, der/die, -n 9/5a

klingeln 11/5a

knapp 7/3a

Komikerin, die, -nen 10/8a

Kommunikation, die (Singular) 7/6b

komplett 7/6b

Kondition, die (Singular) 8/8b

Konferenz, die, -en 7/6b

Konfliktsituation, die, -en 9/4c

Kongresszentrum, das, -zentren 8/13a

konsequent 7/3b

Konsequenz, die, -en 8/5a

Kontext, der, -e 11/11a

Konto, das, Konten AB 10/4a

Kontrolleur, der, -e 10/5b

Konzerthaus, das, -häuser AB 10/2a

Konzertsaal, der, -säle AB 10/2a

Koordinate, die, -n 8/12b

korrekt 12/8a

Kosename, der, -n 9/12a

Krankenwagen, der, – /-wägen AB 11/1a

kriegen 12/12a

kritisch 8/5a

Kuh, die, Kühe AB 9/14

Küken, das, – 9/14a

Kulturknigge, der (Singular) 12/4a

Kulturwissenschaftlerin, die, -nen 12/1a

Kulturzentrum, das, -zentren 8/13a

kündigen 9/7b

Kursteilnehmer, der, – 9/5d

Lagerhaus, das, -häuser AB 10/2a

Länge, die, -n 9/1a

lassen (1) (lässt, hat gelassen) (Lassen Sie auch Lücken für Pausen in Ihrem Arbeitsplan.) 7/4a

lassen (2) (lässt, hat gelassen) (Lass mich mal überlegen!) 8/8a

Lebensphase, die, -n 11/2b

Lebenssituation, die, -en 9/12b

leeren 9/5c

leise 9/3b

Lernhelfer, der, – 7/4a

Lernproblem, das, -e 7/3c

Lieblingsband, die, -s 7/1c

Lieblingsbuch, das, -bücher 7/12a

Lieblingslied, das, -er 10/7

Lieblingsmannschaft, die, -en 8/4

Lieblingssportler, der, – 8/4

Lieblingstier, das, -e 9/12d

Live-Show, die, -s 10/8a

Loch, das, Löcher 8/12c

Logbuch, das, -bücher 8/12c

Logopädin, die, -nen 7/6b

lösen 7/4a

Lücke, die, -n 11/11a

Luft (1), die (meist Singular) (Ich bin in der Luft, ich fliege!) AB 8/1b

Luft (2), die (meist Singular) (Die Luft ist frisch und sauber.) 9/1a

lügen (lügt, hat gelogen) AB 11/1a

Maibaum, der, -bäume 12/2a

Maler, der, – 10/12b

Malerei, die, -en 10/12a

Männerchor, der, -chöre 10/1b

Mannschaft, die, -en 8/5a

Maracuja-Joghurt, der/das, -s 11/11a

Märchenschloss, das, -schlösser 10/1b

Mauer, die, -n AB 8/1b

Mäuschen, das, – 9/12a

Mausi (ohne Artikel) 9/12a

Medium, das, Medien 10/8a

Meerschweinchen, das, – AB 9/11b

Mehrwertsteuer, die, – AB 10/4a

Meisterprüfung, die, -en 7/3a

meistverkauft 10/1b

Minustemperaturen, die (Plural) 8/12c

mit|lesen (liest mit, hat mitgelesen) 10/11a

Mitstudent, der, -en 9/7c

Mittagspause, die, -n 11/5b

Mitternacht (ohne Artikel, Singular) 7/6b

möbliert AB 9/7a

Moderatorin, die, -nen 10/8a

moderieren 10/10a

modisch 9/12b

Morgenstunde, die, -n 11/13a

motivieren 7/4d

Müll, der (Singular) AB 9/4a

Mülltonne, die, -n AB 9/4a

Multicache, der, -s 8/12c

mündlich 7/3a

Musiker, der, – 8/6

Musikgeschichte, die (Singular) 10/1b

Muskel, der, -n AB 8/1b

na gut (Na gut, ist nicht so schlimm.) 9/4b

na ja (Na ja, wenn das so ist, dann akzeptiere ich das.) 9/4b

Nachbarschaft, die, -en 9/5a

nach|fragen 7/4a

Nachrichten, die (Plural) (Hast du heute die Nachrichten schon gehört?) 10/8a

Nachrichtensprecher, der, – 10/8a

näher (Ich kenne meine Kollegen leider nicht näher.) 12/8a

Natur, die (Singular) 8/12c

Naturwanderung, die, -en 8/12c

netto AB 10/4a

Neujahr (ohne Artikel) (Singular) 12/1a

Neujahrsfest, das, -e 12/1b

neulich 12/3b

Niederlage, die, -n AB 8/3a

Norden, der (Singular) AB 9/9b

nun 12/10b

Nymphensittich, der, -e AB 9/11b

oben 10/13a

Ofen, der, Öfen 12/1a

öfter 11/3b

Online-Kurs, der, -e 7/1c

Opernball, der, -bälle 12/12a

Ordnung (1), die (Singular) AB 12/11a

Ordnung (2), die (Singular) (Das ist schon in Ordnung.) 9/4b

Osten, der (Singular) AB 9/9b

Päckchen, das, – 9/5c

Paragliding (ohne Artikel) 8/1a

Parkour 8/1a

pensioniert AB 11/1c

Pferd, das, -e AB 8/1b

Pflanze, die, -n 8/12c

pflegeleicht AB 9/11b

Phase, die, -n 7/6b

Plastik, das (Singular) 8/12c

Plastikdose, die, -n 8/12c

plus 10/10b

Polizist, der, -en 9/14a

Portion, die, -en 12/4a

Preis, der, -e (Unser Projekt hat dieses Jahr einen Preis gewonnen.) 7/10a

Prinzessin, die, -nen 12/12a

Profi, der, -s 8/10a

Programm, das, -e (Das Programm im Fernsehen finde ich immer schlechter.) 10/8a

Prominente, der/die, -n 10/8c

Prominenten-Quiz, das, – 10/10a

Prüfer, der, – 7/3a

Punkt (1), der, -e (Zu diesem Punkt möchte ich noch etwas sagen: …) 7/12b

Punkt (2), der, -e (Für jede richtige Antwort gibt es drei Punkte.) 10/10b

putzen (Ich muss mir ständig die Nase putzen.) 12/4a

Quadratmeter, der, – 9/1a

Qualität, die (Singular) AB 12/11a

Quatsch, der (Singular) 12/12a

Quittung, die, -en AB 10/4a

Quiz-Frage, die, -n 10/10a

Rabatt, der, -e AB 10/4a

Rad, das, Räder 9/4a

Radiosprecher, der, –   10/8a
Ratschlag, der, Ratschläge   7/4d
Ratte, die, -n   9/12b
Rauch, der (Singular)   9/4a
reagieren (auf + Akk.)   8/8d
Reaktion, die, -en   8/8d
Realität, die, -en   10/1b
recht haben (Da hast du recht.)   11/8a
Regisseur, der, -e   10/8c
Reiseleiter, der, –   12/4c
reiten (reitet, ist geritten)   8/1a
Reithelm, der, -e   AB 8/1a
Rentner, der, –   11/2a
Rentnerin, die, -nen   11/2a
Reportage, die, -n   7/10b
Riesenerfolg, der, -e   10/1b
Rockkonzert, das, -e   10/3a
Rolle, die, -n   10/1b
Römerspiele, die (Plural)   AB 10/2a
Römerzeit, die (Singular)   AB 10/2a
Rose, die, -n   AB 11/1a
rösten   12/1a
Rückweg, der, -e   9/7c
ruhig (Machen Sie beim Lernen ruhig einen
     freien Tag pro Woche.)   7/4a
Schatz, der, Schätze   8/12a
schaukeln   9/1a
scheinen (scheint, hat geschienen) (Dem
     Wartenden scheinen Minuten Jahre zu
     sein.)   11/13a
schießen (schießt, hat geschossen)   8/5b
Schildkröte, die, -n   AB 9/11b
Schirm (1), der, -e (Nie habe ich einen Schirm
     dabei, wenn es regnet!)   10/5b
Schirm (2), der, -e (Ich springe aus dem Flug-
     zeug, hoffentlich öffnet sich der Schirm.)
     AB 8/1b
Schlaf, der (Singular)   7/3a
schließlich   12/12a
Schloss, das, Schlösser   10/1b
schlürfen   12/4a
Schneeschuh, der, -e   AB 8/1a
Schneeschuhwandern, das (Singular)   8/1a
Schulalter, das (Singular)   12/8a
Schulkind, das, -er   12/8b
schützen   8/12c
Schwan, der, Schwäne   9/14a
schwanger   AB 11/1a
Schwein, das, -e   9/12a
Schweinchen, das, –   9/14a
Seehöhe, die (Singular)   9/1a
Seite, die (Singular) (Wenn ich mir die Nase
     putzen muss, sehe ich zur Seite.)   12/4a
selbe   10/8a
Selbstauslöser, der, –   9/13a
Semester, das, –   7/3a
Seniorin, die, -nen   7/10d
Servicekraft, die, -kräfte   7/10a
Sieg, der, -e   AB 8/3a
siezen   12/8a
Silvester (ohne Artikel)   12/1a
sinnvoll   11/11a
Ski, der, -er   12/12a
Skifahren, das (Singular)   12/12a
Socke, die, -n   12/3b
sogenannt   8/12b
Solist, der, -en   10/1b

sondern   10/12b
sondern auch   11/11a
sorgen   7/6b
sparen   AB 11/1c
Spiegel, der, –   7/13a
Spiegelbild, das, -er   AB 9/14
spiegeln   9/1a
Sportart, die, -en   8/1c
Sportgegenstand, der, -gegenstände   8/2a
Sportler, der, –   8/6
sportlich   8/1a
Spracherfahrung, die, -en   9/8c
Sprachtherapie, die, -n   7/6b
Sprecher, der, –   11/10a
Sprichwort, das, -wörter   11/13a
springen (1) (springt, ist gesprungen) (Ich bin
     schon mal Fallschirm gesprungen.)   8/1d
springen (2) (springt, ist gesprungen) (Das
     Erdhörnchen ist einfach vor die Kamera
     gesprungen.)   9/13a
stabil   8/12c
Stadtrand, der, -ränder   9/2a
Standesamt, das, -ämter   7/6b
ständig   11/5a
Stapel, der, –   8/11
statt   11/9b
stehen bleiben, (bleibt stehen, ist stehen
     geblieben)   12/3b
Stehplatz, der, -plätze   10/4a
steigen (steigt, ist gestiegen)   12/9b
Stein, der, -e   9/13a
sterben (stirbt, ist gestorben)   AB 11/1a
Stichwort, das, -wörter   7/10b
Stil, der, -e   9/13b
Stille, die (Singular)   10/8a
Stimme, die, -n   12/9b
Stimmung, die, -en   11/9a
stinken (stinkt, hat gestunken)   9/4a
Stoff, der (Singular) (Für die Prüfung muss ich
     noch so viel Stoff lernen.)   7/3a
Strand, der, Strände   9/2b
streiten (sich) (streitet, hat gestritten)   11/5a
Strom, der (Singular)   AB 9/7a
Stück, das, -e (Hast du schon das neue Stück
     von Monika Gruber gesehen?)   10/8a
Süden, der (Singular)   AB 9/9b
Tagesablauf, der, -abläufe   7/6b
Tänzerin, die, -nen   7/8
Taschentuch, das, -tücher   12/4a
tauchen (taucht, ist getaucht)   8/1a
Taucherbrille, die, -n   AB 8/1a
Teleprompter, der, –   10/8a
Temperatur, die, -en   8/12c
Terrassentür, die, -en   AB 9/14
Ticketkauf, der, -käufe   10/4a
tief (Atme tief durch!)   7/4a
Tier, das, -e   AB 8/1b
Tierarzt, der, -ärzte   9/12b
Tierbild, das, -er   10/12b
Tiergeschichte, die, -n   9/14a
Tierheim, das, -e   AB 9/11b
Tiermalerei, die, -en   10/12b
Tiername, der, -n   9/12a
Tiger, der, –   9/14a
Topform, die (Singular)   8/3d
Tor, das, -e (Beim Fußballspiel sind super Tore
     gefallen.)   8/5a

tot   AB 11/1a
Tourist, der, -en   10/1b
Treppenhaus, das, -häuser   9/4a
Tresor, der, -e   8/12c
treu (Bleiben Sie uns treu.)   8/5a
Trick, der, -s   7/4a
Trip-Hop, der (Singular)   10/3a
trocken   AB 9/4a
trotzdem   7/3a
TV-Show, die, -s   10/8a
überqueren   9/14a
Übersetzer, der, –   7/6b
Übersicht, die, -en   8/10b
überweisen (überweist, hat überwiesen)
     AB 10/4a
Überweisung, die, -en   10/4a
übrigens   7/4a
Ufer, das, –   9/1a
um … zu (Ich esse die heiße Suppe vorsich-
     tig, um nicht zu schlürfen.)   12/4c
Umbau, der, -ten   AB 10/2a
umrühren   12/1a
Umzug, der, Umzüge   9/7b
Umzugswagen, der, –/wägen   9/7a
und so weiter (usw.)   8/12c
unhöflich   12/3b
unsicher   12/3b
unter (Unter der Woche habe ich oft keine
     Zeit für meine Hobbys.)   11/2c
unterhalten (sich) (unterhält sich, hat sich
     unterhalten)   9/7b
unterhalten (sich) (über + Akk.)   AB 11/9a
Unterhaltung, die, -en   10/1a
unternehmen (unternimmt, hat unternom-
     men)   11/4a
Unterscheidung, die, -en   8/7a
unterschiedlich   9/13b
Untersuchung, die, -en   7/6b
unzufrieden   12/3b
verbessern   9/14b
verfassen (einen Forumseintrag verfassen)
     7/1c
Verfilmung, die, -en   10/1b
vergehen (vergeht, ist vergangen)   11/1a
verirren (sich)   9/7b
verliebt   9/14a
verlieren (verliert, hat verloren)   8/4
vermieten   AB 9/7a
verplanen   7/4a
verschieben (verschiebt, hat verschoben)
     7/3b
verschlafen (verschläft, hat verschlafen)
     10/8a
versprechen (verspricht, hat versprochen)
     9/7b
Versteck, das, -e   8/12b
verstecken   8/12b
versteckt   8/12c
versuchen   8/12c
Vogel, der, Vögel   9/12b
Vorbild, das, -er   8/5a
Vordergrund, der, -gründe   10/13a
vor|gehen (geht vor, ist vorgegangen)
     (Ich wollte zum Fußballspiel, aber der
     Hochzeitstag geht vor.)   10/8a
vor|kommen (kommt vor, ist vorgekommen)
     9/4b

Vorleser, der, –   7/12a
Vorschlag, der, Vorschläge   8/8d
vor|schlagen (schlägt vor, hat vorgeschlagen)   8/8c
vor|tragen (trägt vor, hat vorgetragen)   7/13a
wachsen (wächst, ist gewachsen)   11/13a
Wahnsinn, der (Singular)   8/3d
Wald, der, Wälder   AB 8/1b
Walz, die (Singular) (Der Tischler geht seit drei Monaten auf die Walz.)   12/1a
Wand, die, Wände   AB 9/7a
Wandergeselle, der, -n   12/1a
Wanderschaft, die, -en   12/1a
Wanderung, die, -en   12/8b
Wartende, der/die, -n   11/13a
was für ein   10/3a
wasserdicht   8/12c
weiter|arbeiten   7/3c

weiter|lesen (liest weiter, hat weitergelesen)   8/12c
Werbeplakat, das, -e   11/12b
werden (wird, wurde, ist geworden)   5/7a
Wert, der, -e   7/10a
Westen, der (Singular)   AB 9/9b
WG-Essen, das, –   9/7b
Widerspruch, der, -sprüche   8/5a
Wildschwein, das, -e   10/12b
wirken   12/4a
Wirtschaft, die (Singular)   AB 12/11a
wohl|fühlen (sich)   9/7b
Wohnform, die, -en   9/1b
Wolke, die, -n   9/1a
womit   11/2c
worauf   11/9a
Wortschatz, der (Singular)   9/4a
wozu   12/4d
Wunde, die, -n   11/13a

Yoga, das (Singular)   8/1a
Yogakurs, der, -e   AB 8/1b
Yogamatte, die, -n   AB 8/1a
Zaun, der, Zäune   AB 9/14
Zeitplan, der, -pläne   7/3a
Zeitpunkt, der, -e   11/12b
Zeitreise, die, -n   11/11a
Zeitschriftenartikel, der, –   7/6b
Zeremonie, die, -n   12/1a
zu sein   8/12c
zufällig   9/13a
Zuhause, das, –   AB 9/11b
Zuhörer, der, –   7/12b
zurück|reisen (reist zurück, ist zurückgereist)   11/12a
Zusammenfassung, die, -en   12/12a
zusammen|gehören   11/7b
zu|stimmen   8/8d

DVD zu Netzwerk A2 Teil 2

Die Rollen und ihre Darsteller:

Bea Kretschmar:	Lena Kluger
Felix Nowald:	Florian Wolff
Iris Müller:	Ines Hollinger
Ella Berg:	Ella Mahena Rendtorff
Claudia Berg:	Verena Rendtorff
Martin Berg:	Benno Grams
Hanna Wagner:	Angela Kilimann
Sprecherin:	Ulrike Arnold

Weitere Mitwirkende:
Matthias Mayer, Jörg Scherling, Ann-Kathrin Gerbermann, Daniel Moosreiner

Kamera:	Carsten Hammerschmidt
Ton:	Christiane Vogt
Musik:	„Dark Funk Hip Hop", iStockAudio John Fenton-Stevens
	„Bright Future", iStockAudio Alexander Maas
	„Good Life", iStockAudio thefurnaceroom
ALMANYA-Trailer:	Roxy Film GmbH
Postproduktion:	Andreas Scherling
Redaktion:	Angela Kilimann
Regieassistenz:	Elke Burger
Drehbuch und Regie:	Theo Scherling
Produktion:	Bild & Ton, München

Audio-CDs zu Netzwerk A2 Teil 2

CD 2 zum Kursbuch A2 Teil 2 und CD 2 zum Arbeitsbuch A2 Teil 2

Sprecherinnen und Sprecher:
Katja Brenner, Sarah Diewald, Tim Haimerl, Detlef Kügow, Crock Krumbiegel, Dominique Elisabeth Layla, Johanna Liebeneiner, Saskia Mallison, Charlotte Mörtl, Matthias Rehrl, Jakob Riedl, Leon Romano, Helge Sturmfels, Louis Thiele, Peter Veit, Sabine Wenkums, Laura Zöphel

Musikproduktion, Aufnahme und Postproduktion:
Heinz Graf, Puchheim

Regie:
Sabine Wenkums

Laufzeiten:
Kursbuch-CD 63 min.
Arbeitsbuch-CD 57 min.

Quellenverzeichnis

Cover   oben: shutterstock.com – Valua Vitaly,
unten: Aintschie – Fotolia.com

S. 4   oben: shutterstock.com – Michael Jung,
Mitte/unten: Dieter Mayr

S. 5   oben: „Wildschweine" von Franz Marc,
Mitte: iStock – Gene Chutka, unten: Blickwinkel

S. 6   A shutterstock.com – Peter Bernik, B shutterstock.com –
Michael Jung, C shutterstock.com – auremar

S. 7   D shutterstock.com – Pete Pahham,
E shutterstock.com – Anna Lurye

S. 10   links: fotofrank – Fotolia.com,
rechts oben: Dan Race – Fotolia.com,
rechts unten: nyul – Fotolia.com

S. 12   v.l.: Dieter Mayr, Andreas Haab/FreeLens Pool,
Alamy – Adrian Sherralt

S. 16   oben: robynmac – Fotolia.com, A Matthias Mayer, B shutter-
stock.com – Yuri Arcurs, C shutterstock.com – kukuruxa,
Yogamatte: shutterstock.com – Venus Angel, Gleitschirm:
D. Fabri – Fotolia.com, Reithelm: shutterstock.com – topal

S. 17   D shutterstock.com – Bevan Goldswain, E Picture-Factory –
Fotolia.com, F shutterstock.com – Yuri Arcurs,
Taucherbrille: shutterstock.com – ded pixto,
Schneeschuhe: shutterstock.com – trekandshoot

S. 18   A, C: Dieter Mayr, B Getty

S. 20   oben links: shutterstock.com – Goodluz, rechts: Getty,
A Deklofenak – Fotolia.com, B Alexander Rochau – Fotolia.com,
C shutterstock.com

S. 22   v.o.: lagom – Fotolia.com, iStock – ra photography,
fotofinder – alimdi.net, iStock – ra photography

S. 23   oben: Christa Eder – Fotolia.com, Udo Ingber – Fotolia.com,
unten: iStock – editorial_Aimin Tang,
iStock – sumnersgraphicsinc

S. 26   1 H.-J. Kürtz, 2 Cordula Schurig, 3 mikrohaus.com

S. 27   4 Paul Rusch, 5 shutterstock.com – Christopher Meder

S. 28   Dieter Mayr

S. 30   v.o.: shutterstock.com – S.Borisov, shutterstock.com –
Martin Lehmann

S. 32   oben: Stefanie Dengler
unten v.l.: Ilia Shcherbakov – Fotolia.com, shutterstock.com,
pixelio.de, nwf – Fotolia.com

S. 33   oben: National Geographic,
unten: Wuppertal dpa, ddp images

S. 36   Euro-Münzen: Fotolia.com, unten links: Dieter Mayr,
Stefanie Dengler, robynmac – Fotolia.com,
rechts: Dieter Mayr, shutterstock.com, Sabine Wenkums

S. 38   A VRD – Fotolia.com, B laif, C iStock – Rosamund Parkinson

S. 39   „auf dem land", Ernst Jandl, poetische Werke, hrsg. von
Klaus Siblewski © 2007 Luchterhand Literaturverlag, München,
in der Verlagsgruppe Random House GmbH

S. 40   1 AFP-Getty, 2 Getty, 3 www.moviepilot.de © X Verleih (Warner)

S. 41   4 Paul Rusch, 5 shutterstock.com

S. 44   Sabine Wenkums

S. 46   links: „Wildschweine" von Franz Marc,
Mitte: „Feldhase" von Albrecht Dürer,
rechts: „Tauchende Kuh" von Loomit

S. 52   A Jeanette Dietl – Fotolia.com, B Arkady Chubykin –
Fotolia.com, C ingridat – Fotolia.com

S. 54   iStock – Gene Chutka

S. 56   laif

S. 60   1 iStock – Guenter Guni, 2 Sonnhilt Naderi,
Portraits oben: Paul Rusch, unten: shutterstock.com

S. 61   3 laif, unten links: H. Corneli – seatops.com, rechts: Blickwinkel

S. 64   links: imagetrust, Mitte: Blickwinkel,
rechts: mauritius-images

S. 68   oben links: VRD – Fotolia.com,
rechts: gradt – Fotolia.com

S. 72   A, D: Dieter Mayr, B iStock_YAO MENG PENG, C ursupix –
Fotolia.com

S. 73   E, F, H: Dieter Mayr, G Monkey Business – Fotolia.com

S. 77   links: Aaron Amat – shutterstock.com,
Mitte: Andrey Arkusha – shutterstock.com,
rechts: foto luminate – shutterstock.com

S. 80   links: iStockphoto – Chris Schmidt,
rechts: iStockphoto

S. 82/83   Handelsblatt GmbH/WirtschaftsWoche (Text stark gekürzt und
geändert)

S. 88   oben v.l.: shutterstock.com – Venus Angel, shutterstock.com –
topal, shutterstock.com – ded pixto, robynmac – Fotolia.com,
shutterstock.com – trekandshoot, D. Fabri – Fotolia.com,
Mitte links u. rechts: shutterstock.com, Reiter: auremar –
shutterstock.com
unten links: shutterstock.com, Taucher: Benno Grams,
unten rechts: iStockphoto – microgen

S. 89   links: Getty, rechts: Dieter Mayr

S. 90   picture alliance / Sven Simon, Trillerpfeife: shutterstock.com

S. 92   Getty

S. 96   shutterstock.com

S. 97   links: Getty,
rechts: Dieter Mayr

S. 101   v.o.: mauritius-images, iStock – Irina Afonskaya,
mauritius-images

S. 106   Karte: Theiss Heidolph, Frauenkirche: shutterstock.com,
Kunsthofpassage: Alamy, Semperoper: ArturKo –
shutterstock.com, Neue Synagoge: Getty,
Kompass: poledigitalpix – Fotolia.com

S. 107   1 shutterstock.com, 2 Sandra Thiele – Fotolia.com,
3/4 Fotolia.com

S. 117   v.l.: Fotolia.com, Thomas-B – pixelio.de,
Herzog & de Meuron/AFP/Getty

S. 124   Sabine Franke

S. 129   Dieter Mayr

S. 135   april_89 – Fotolia.com

S. 136   (Rechte, auch für Tonaufnahme) „die zeit vergeht", Ernst Jandl,
poetische Werke, hrsg. von Klaus Siblewski © 1997 Luchterhand
Literaturverlag, München, in der Verlagsgruppe
Random House GmbH

S. 140   v.l.: laif, Sabine Franke, Alamy-Robert Harding Picture Library

S. 141   Dieter Mayr

S. 144   1 Dieter Mayr, 2 pressmaster – Fotolia.com, 3 Stefanie Dengler

S. 146   Sibylle Freitag